참된 행복의 길

십계명 강해 설교집

참된 행복의 길

배 굉 호 지음

도서
출판 영문

추 천 사

옛날 하나님의 백성인 이스라엘이 한때 400년 이상 이방의 애굽땅에서 종살이를 하고 있었습니다. 그러나 때가 될 때, 하나님께서는 그의 놀라운 이적과 능력으로 그들을 애굽으로부터 구출하셨습니다. 하나님께서는 곧 시내산에서, 약속의 땅으로 향하고 있는 그의 구원받은 백성을 위한 기본생활원리 및 의무사항 열 가지를 명하신 것이 있었는데, 그것이 바로 "십계명"(Ten Commandments)입니다.

예수님의 말씀과 교훈에 의하면(마 5:17, 19:16-21, 막 12:28-31, 요 14:15…), 이 십계명은 출애굽 당시의 옛날 이스라엘 백성에게만 국한된 것이 아니라, 오늘날 믿는 우리 모든 성도가 지켜야 할 하나님의 자녀들을 위한 영원한 의무조항들임을 알 수 있습니다.

십계명에 관한 내용과 해설은 「신앙고백」제19장, 「대교리문답」제98-150문, 「소교리문답」제41-83문과 「하이델베르그 요리문답」(The Heiderberg Catechism) 제92-115문 등에 자세히 나타나 있습니다.

　불완전하고 연약한 사람이 스스로는 율법(십계명)을 완전히 지킬 수 없으나, 하나님의 아들 예수 그리스도께서 가르쳐 주시고, 친히 보여주신 그 놀라운 「사랑」에 의해 우리는 그 계명들을 지킬 수 있게 됩니다. 우리가 주님의 그 놀라운 사랑에 감격하여, 하나님을 진정 사랑하고, 내 이웃을 내 몸과 같이 사랑할 수 있게 될 때, 우리는 모든 율법, 십계명을 쉽게 지키게 됩니다(롬 13:8-10).

　이번에 남천교회의 배굉호 목사님께서 십계명에 대한 강해 설교집 「참된 행복의 길」을 출간하게 된 것을 하나님께 감사드립니다. 목사님께서 그동안 남천교회 강단에서, 혹은 방송 설교를 통해 이미 선포했던 내용들을 간추려 출판하게 된 것입니다. 주전 14세기 당시의 십계명을, 목사님께서는 2002년도를 살고 있는 현대의 크리스챤들의 생활에 적용할 수 있도록 쉽고도 구체적으로 설명하고 있습니다. 그는 인생의 비극은 근본적으로 하나님의 말씀에 대한 불순종에서 비롯된 것임을 지적, 현대의 모든 하나님의 백성이 이 계명을 바로 지킬 때, 참된 행복을 회복하게 될 수 있음을 강조하고 있습니다.

부산 남천교회를 목양하시는 목회자요, 설교학 분야의 학자며, 현재 천안의 고려신학대학원의 겸임교수이신 배굉호 목사님은, 이미 많은 저작과 국내전도와 해외선교를 위한 끊임없는 활동과 헌신으로, 복음의 열정자, 교회와 양무리의 사랑의 목회자로 널리 알려져 있습니다. 금번 출간될 목사님의 십계명 강해설교집이 우리 한국교회와 모든 성도들을 위한 영혼의 좋은 양식이 될 것으로 믿고 이를 기쁨으로 추천하는 바입니다.

주후 2002년 3월 10일
고려신학대학원
원장 이승미

머리말

할렐루야!
부활절을 맞이하여 십계명 강해 설교집 "참된 행복의 길"을 출간하게 해주신 하나님을 찬양합니다. 모든 사람은 참된 행복을 찾고 있습니다. 그러면 그 참된 행복의 길은 어디에 있습니까? 그것은 하나님의 계명을 지키는 데 있습니다. 길이요 진리되신 예수님은 우리에게 말씀하셨습니다. "그러므로 아들이 너희를 자유케 하면 너희가 참으로 자유하리라"(요 8:36).

인생의 비극은 하나님의 말씀에서 멀리 떠나 불순종하는데서 시작했습니다. 우리 인류는 예나 지금이나 하나님보다 다른 것들을 더 사랑함으로, 즉 우상을 섬김으로 불행을 초래하고 있습니다. 십계명은 바로 우리를 참된 행복으로 안내하는 하나님의 말씀입니다. 십계명의 가장 큰 메시지는 '하나님을 사랑하고 이웃을 사랑하라' 는 계명입니다. 그러나 하나님을 사랑하라는 이 계명을 실천하지 않고는 이웃을 진정으로 사랑할 수 없습니다. 십계명 강해 설교는 이미 제가 섬기는 남천교회 성도들에게 강단에서 증거되었을 뿐만 아니라 방송 설교를 통해서도 선포된 바 있습니다. 이제 십계명을 "참된 행복의 길"이란 이름으로 출간함에 따라 항상 우리 가까이에 두고 읽음으로 참된 행복의 비결을 마음에 다시 새길 수 있을 것이라 기대됩니다.

이 책을 통해서 하나님을 더욱 더 사랑하고, 이웃 사랑을 실천하는 삶을 통해서 참된 행복과 참된 자유를 누리시는 천국 백성들의 풍성한 삶을 이루어 가시기를 기도합니다. 이 책이 나오기까지 수고하신 김상수 강도사님과 공혜숙 전도사님, 그리고 남천교회 출판위원들에게 감사드립니다.

2002년 부활절을 맞이하여
남천교회 배굉호 드림

차 례

- 제1계명 나 외는 다른 신을 네게 두지 말라 ············11
- 제2계명 우상을 섬기지 말라·······················35
- 제3계명 여호와의 이름을 망령되이 일컫지 말라·······59
- 제4계명 안식일을 기억하라 ······················ 85
- 제5계명 네 부모를 공경하라·····················125
- 제6계명 살인하지 말라 ·························169
- 제7계명 간음하지 말지니라 ······················191
- 제8계명 도적질 하지 말지니라 ···················213
- 제9계명 거짓증거하지 말라 ·····················239
- 제10계명 이웃의 것을 탐내지 말라 ················ 263

제 1 계명

나 외에 다른 신을 네게 두지 말라

제 1 계명

나 외에 다른 신을 네게 두지 말라
(출애굽기 20:1-3)

　세상 모든 사람은 다 행복하게 살기를 원하지만 실제로 그렇지 못합니다. 행복보다는 슬픔과 고통, 눈물과 괴로움이 더 많은 것 같습니다. 왜 그렇습니까? 그 원인이 무엇입니까? 그것은 행복해지는 방법을 모르기 때문입니다.

　흔히 배가 부르고 입을 옷이 있고 거주할 집이 있으면, 즉 의식주만 해결되면 행복하게 잘 살 줄 알고 있는데 그것이 아니라는 것을 우리는 잘 압니다. 오히려 우리가 가진 것으로 인해 더 많은 고통이 오고 비참해 지는 경우가 많습니다.

　오늘 우리는 우리의 인생이 참 행복을 얻을 수 있는 비결을 찾아보겠습니다. 그 비결은 우리가 행복하게 살아가도록 하나님께서 우리에게 주신 규범과 법칙을 바로 아는 것입니다. 그 행복의 비결로 주신 것이 십계명입니다.

이 십계명의 배경은 구약의 이스라엘이 출애굽 하여 광야로 나왔던 모세 시대까지 올라갑니다. 하나님께서 그들을 위대한 국가로 만들 계획을 세우시고 그의 백성들을 젖과 꿀이 흐르는 가나안 땅으로 인도하기를 원하셨습니다. 그리고 그들에게 규례와 법률을 주셨는데 그것이 바로 십계명입니다. 하나님께서 시내산에서 주신 이 십계명은 하나님의 백성들의 생활 규범입니다. 우리가 참되고 행복하게 사는 길은 십계명의 원리대로 사는 것입니다.

인류에게 슬픔과 비극이 오는 것은 바로 이 십계명의 교훈대로 살지 못하기 때문입니다. 십계명을 연구해 보면 이 십계명에 진정한 행복과 축복의 길이 있음을 발견할 수 있습니다. 이 십계명은, 하나님은 오직 한 분이며, 우리는 그 한 분인 하나님을 섬겨야 됨을 보여줍니다. 이 십계명에는 하나님의 백성이 마땅히 걸어야 할 법도가 기록되어 있습니다. 이 계명 안에 참 행복의 비결이 들어있습니다.

십계명의 첫 번째는 무엇입니까? "나 외에는 다른 신들을 네게 있게 하지 말지어다"(출애굽기 20:3)입니다.

좀더 정확하게 번역하면 "너는 내 앞에서 다른 신들을 가지지 말아야 할 것이다."는 뜻입니다. 십계명의 중심 사상은 "하나님은 한 분이시다."입니다. 하나님은 여러 분이 될 수가 없습니다. 하나님은 오직 한 분뿐이십니다. 그러므로 하나님 한 분만을 섬기고 사랑해야 한다는 것입니다.

1. 사람에게는 모두 종교적인 본능이 있습니다.

스페인의 유명한 철학자인 우 나르모는 "나는 내 친구를 믿는 것처럼 하나님을 믿는다. 나는 그의 사랑의 숨결을 느끼고 그의 보이지 않는 만질 수 없는 손이 나를 이끌어 인도하고 붙들어 주는 것을 느낀다."고 했습니다. 그리고 어떤 인류학자는 "인간은 불치병적으로 종교적이다."고 했습니다. 이것은 모든 인간은 종교적 본능이 있다는 말입니다.

옛날 잉카 문명의 사적에도 그들이 큰 사원을 지어서 신을 섬겼다고 나타나 있습니다.

요한 칼빈은 "사람의 마음속에는 종교의 씨앗(the religion of seed)이 있다."고 그의 『기독교 강요』에 기록하고 있습니다.

성경은 "이는 하나님을 알 만한 것이 저희 속에 보임이라 하나님께서 이를 저희에게 보이셨느니라"(롬 1:19)고 증거 합니다.

그리스도인들은 제 나름대로 신을 가지고 섬기고 있습니다.

1) 여러 가지 신관이 있습니다.

①다신교가 있습니다.

여러 신들을 섬기는 사람들이 있습니다. 그들은 태양과 달을 섬기고, 별과 산을 섬기고, 수(水)신을 섬깁니다.

②단일신교가 있습니다.
많은 신들 중에서 하나를 택하여 자기들의 수호신으로 삼는 것입니다. 가정과 국가를 지켜주고 전쟁의 승리를 가져다 주는 신으로 믿는 것입니다.

③유일신교가 있습니다.
오직 신은 하나님 한 분뿐이심을 믿는 것입니다. 즉 우주의 신은 오직 여호와 하나님 한 분밖에 없음을 믿는 것입니다.

2) 신존재 증명

그러면 신이 있다는 것을 어떻게 증명할 수 있습니까? 여기에는 여러 주장들이 있습니다.

①우주론적 증명이 있습니다.
즉 원인에 의해서 증명하는 것을 말합니다. 예를 들어서 건물이 있습니다. 이 건물을 세운 사람이 있게 마련입니다. 우연히 건물이 생겨나지는 않았습니다. 그리고 나무가 있습니다. 이 나무를 누군가 만들어서 심었습니다. 나무가 우연히 된 것이 아니라 만든 원인자가 있습니다. 바로 그 분이 하나님이시라는 견해입니다.

②목적론적 증명이 있습니다.

이것은 설계에 의해서 이루어진 것을 말합니다. 시계가 있습니다. 이 시계는 시간을 알기 위한 목적으로 누군가 만든 것입니다. 그리고 피아노가 있습니다. 이 피아노는 소리를 내기 위한 목적으로 누군가 설계한 것입니다. 그렇다면 이 우주도 누군가 설계하신 분이 있습니다. 그 분이 바로 하나님이시라는 주장입니다.

③인류학적 증명이 있습니다.

이것은 도덕적으로 증명하는 것입니다. 사람은 도덕적인 존재입니다. 그러므로 지·정·의를 가지고 양심에 옳고 그른 것을 분별할 줄 압니다. 사람은 하나님의 형상대로 창조함을 받았기 때문에 그 속에 도덕적인 요소가 있습니다. 그러므로 이 도덕적인 면을 보아서도 하나님은 존재하신다는 주장입니다.

④생명의 증거가 있습니다.

생명은 생명에서 옵니다. 그러므로 영원한 생명이 있습니다. 바로 그 생명은 하나님이시라는 증거입니다.

⑤전제론적 증명이 있습니다.

하나님은 이미 존재하시는 분입니다. 하나님은 영원 전부터 계시는 분이므로 당연히 그 분을 섬겨야 되고 신뢰해야 한다는 것입니다.

사람들은 모두가 종교적인 본능을 가지고 살아갑니다. 왜냐하면 영원하신 하나님께서 우리를 만드실 때에 그의 형상대로 만드셨기 때문입니다. 비록 죄가 사람의 마음속에 들어와서 사람들이 부패되고 사악해졌지만 사람의 마음속에는 종교적인 본능이 다 있습니다. 그 종교적인 본능을 가지고 하나님을 바로 찾을 때에만 거기에 참 행복과 기쁨이 있습니다. 그럼에도 불구하고 다른 곳에서 신을 찾고 그것을 신으로 알고 섬기기 때문에 참 만족과 기쁨이 없고 오히려 허무함과 비극이 있을 뿐입니다.

이 모든 사실을 정확하게 알고 내다보시는 하나님은 우리가 헛되이 다른 신을 찾지 않고 참된 행복과 기쁨을 누릴 수 있도록 십계명의 제일 처음에 "나 외에 다른 신을 네게 두지 말라"고 명령하셨습니다.

행복의 첫 번째는 바로 하나님 외에 다른 신을 섬기지 않는 것입니다. 하나님은 오직 한 분이시기 때문입니다.

2. 현대판 우상들

그러나 오늘날 많은 사람들은 자기들 나름대로 자기들의 신을 찾고 만들어가고 있습니다. 심지어 하나님을 믿는 사람들조차 진정으로 하나님을 사랑하지 않고 자기들 나름대로의 우상, 즉 다른 신을 섬기고 있습니다. 이것이 불행의 원인입니다. 소위 세련된 우상들, 심리적인 우상들을 만들어 가고 있습니다.

1) 자기 자신의 우상이 있습니다.

서울의 어느 교인이 목사님께 전화를 걸었습니다. 전화는 폐업예배를 드리고 싶다는 내용이었습니다. 목사님은 개업예배는 많이 드렸어도 폐업예배란 말은 처음이었습니다. 사연을 알아보았더니 그 교인은 12년 전에 가발 공장을 개업하여 많은 발전과 축복을 받았습니다. 은행의 현금잔고가 많기로 소문이 난 회사였다고 합니다. 그런데 공장이 4, 5년 사이에 갑자기 확장되자 교만해졌고, 하나님을 잊어버리고 세상과 타협하게 되었으며 교회로부터도 멀어졌다고 합니다. 자기 자신의 우상에 빠진 것입니다. 형편이 어려울 때는 하나님 찾고 부르짖으며 "하나님이 축복해 주시면 열심히 하겠습니다."라고 다짐하지만, 정작 축복을 받고 성장하게 되면 그 약속은 온데 간데 없고 하나님을 멀리하고 자기의 생각대로 해버리는 것입니다. 그런데 몇 년 전부터 일이 꼬이기 시작했습니다. 계속 문제가 발생하고 공장 운영이 어려워졌습니다. 그때 빨리 깨달아야 했었는데 오히려 돼지 머리를 놓고 고사를 지내기도 하고 점을 보러 다니기도 했습니다. 빚은 점점 늘어나고 더 이상 공장 유지가 불가능해졌습니다. 그는 30년 동안 교회를 다니기는 했어도 등록은 하지 않고 예배만 잠깐 드리고 나가버리는 생활을 했던 사람이었습니다. "꼭 등록을 해야하는가? 심방은 받지 않아도 된다."는 식이었습니다. 그러나 어려움을 당하게 되자 생각을 바꾸어 부활절 주일에 학습을 받기로 결심을 했습니다. "이제부터 자신을 버리고 온전히 하나님을 의지할 것입니다. 공장을 팔면 빚 정리가 됩니다. 아무것도 없이 시작했다가 아무것도 없이 끝나게 되었습니다. 그러나 아주 많은 것을 배웠습니다. 더욱 감사한 것은 구원을 받은 것입니다. 만일 사업이 계속 잘 되었다면 하나님을 아주 멀리 했을 것입니다. 그러나 하나님은 저를 사랑하시고 사업을 망하게 하시고 저를 구원해 주셨습니다. 그저 감사할 뿐입니다. 제 사업은 오늘 폐업이지만 제 신앙은 오늘로서 개업입니다."라고 말하면서 회개와 감격의 눈물을 흘렸습니다.

성도 여러분, 자기 자신의 지식이나 경험과 돈과 배경을 의지하고, 하나님을 멀리하고 교회를 멀리하는 것이 바로 현대판 우상입니다. 이런 현대판 우상을 멀리해야 합니다.

2) 자연의 우상이 있습니다.

자연은 하나님께서 우리에게 잘 관리하고 즐기라고 주신 것입니다. 그런데 이 자연을 지나치게 좋아하고 숭배하는 것은 우상입니다. 현대인들은 자연을 즐긴다고 말하면서 사실은 하나님을 버리고 자연을 더 좋아하고 숭배하고 있습니다.

주일에는 거룩하신 하나님께 예배드리는 날임에도 자연을 지나치게 좋아한 나머지 교회에는 나오지 않고 산에 올라가거나 소풍 또는 야유회나 여행을 떠나는 것, 즉 자연을 핑계하여 하나님께 예배드리는 일을 하지 않는 것이 현대판 우상입니다.

3) 건강의 우상이 있습니다.

　건강 관리는 아주 중요합니다. 우리는 하나님께서 주신 몸을 잘 관리해야 합니다. 몸이 아프면 의사를 찾고 약을 사용해야 합니다. 그러나 이것을 우상시 해서는 안됩니다. 즉 건강을 하나님보다 더 앞에 두어서는 안됩니다. 건강 때문에 지나치게 하나님 앞에 예배드리는 것을 등한시하는 것은 잘못하는 것입니다.

　물론 나름대로 이유는 있습니다. "피곤하니 좀 쉬자. 잠을 푹 자고 피로를 회복해야 건강을 유지할 수 있다. 건강해야 하나님도 섬기고 교회도 잘 봉사하지 않겠는가? 그러니 예배도 좀 쉬자."는 태도는 잘못된 것입니다. 이 말에는 상당한 설득력도 있고 일리도 있어 보입니다. 그러나 건강상의 이유로 하나님께 예배드리는 것을 무시한다면 이것은 잘못되었습니다. 평생 그렇게 할 수는 없지 않습니까? 어떤 빙도를 찾아야 합니다.

　우리는 건강을 이유로 하여 하나님을 섬기지 못하는 것도 역시 현대판 우상임을 알아야 합니다.

4) 스포츠 우상이 있습니다.

　스포츠는 건강과 심신 단련을 위해 필요합니다. 적당한 스포츠는 스트레스 해소도 되고 유쾌한 기분으로 바꾸어 주기도 합니다. 그러나 스포츠에 광적으로 빠져버리면 우상이 됩니다. 스포츠 기사라면 글자를 한 자도 빠뜨리지 않고 끝까지 읽으면서도 성경은 읽을 시간이 없다고 핑계하며 읽지 않는 사람이 있습니다.

거룩한 주일에 교회에 나와서 하나님 앞에 머리를 숙이고 경건하게 예배를 드려야 함에도 불구하고 이른 아침부터 운동하러 간다고 바쁘게 집을 나가는 사람들이 있습니다. 빅 게임 중계방송을 시청하기 위해 예배를 예사로 빠뜨리는 사람들, TV 시청을 하다가 지각하고, 예배당에 앉아 있기는 하나 머리 속에는 축구공, 야구공, 골프공이 왔다 갔다 하는 사람도 있을 것입니다. 야구, 축구, 농구, 배구, 골프 등 유명한 선수들의 신상과 사건들을 스크랩하고, 그 선수의 나이나 취미, 가정, 환경, 경력 등에 대해서는 줄줄 외웁니다. 그러나 하나님의 말씀인 성경에 대해서는 형편없는 지식을 가지고 있는 사람들도 있을 것입니다. 이런 사람들에게 스포츠는 이미 우상입니다.

하나님은 우리에게 '이것을 내 앞에 두지 말라 이 우상을 내 앞에 두어서는 안 된다'고 명령하십니다.

5) 과학과 학문의 우상이 있습니다.

오늘날 과학은 극도로 발달하고 있습니다. 우주과학의 발달, 의학의 발달, 여러 분야의 학문이 하루가 다르게 발전하고 있습니다. 과학의 발달은 가히 혁신적이라 할 수 있습니다. 학문의 발전은 인류를 위해 많은 유익을 줍니다. 그러나 세상의 과학이나 학문이 우상이 되어 하나님의 존재를 부인하거나 성경을 무시해 버린다면 잘못된 것입니다. 유명한 학자의 논문이나 학술 발표는 아주 권위 있게 인정하는 반면 성경을 우습게 취급하는 것은 지식의 우상입니다.

인간 지식을 탐구하고 공부를 핑계로 하나님을 섬기지 못한다면 그것 역시 지식의 우상입니다. 입시 또는 시험 준비로 주님을 경배하는 것을 무시해 버리는 것 역시 지식의 우상입니다. 우리는 이러한 것들을 경계해야 합니다.

사도 바울은 "사랑은 언제까지든지 떨어지지 아니하나 예언도 폐하고 방언도 그치고 지식도 폐하리라"(고린도전서 13:8), 그리고 "또한 모든 것을 해로 여김은 내 주 그리스도 예수를 아는 지식이 가장 고상함을 인함이라 내가 그를 위하여 모든 것을 잃어버리고 배설물로 여김은 그리스도를 얻고 그 안에서 발견되려 함이니 내가 가진 의는 율법에서 난 것이 아니요 오직 그리스도를 믿음으로 말미암은 것이니 곧 믿음으로 하나님께로서 난 의라"(빌립보서 3:8-9)고 했습니다.

예수님은 말씀하셨습니다. "진실로 너희에게 이르노니 천지가 없어지기 전에는 율법의 일점 일획이라도 반드시 없어지지 아니하고 다 이루리라"(마태복음 5:18).

장차 주님 앞에 설 때에 세상의 모든 학문이 무슨 가치가 있겠습니까? 우리는 과학과 학문의 우상을 멀리해야 합니다. 그것은 다 일시적인 것들입니다.

6) 쾌락의 우상이 있습니다.

오늘날의 문화는 쾌락을 추구하는 것입니다. 먹고 마시고 즐기는 것에 모든 것을 다 투자하는 것 같은 세상입니다. 기본적이고 적당한 쾌락은 하나님께서 우리 인생에게 주셨고 또한 이것을 즐기게 하셨습니다. 건전한 오락과 쾌락을 즐기는 것은 우리의 생활에 활기를 불어 넣어줍니다. 그러나 지나친 쾌락의 추구는 우상이 될 수 있습니다. 오직 쾌락에 몰두하고 그것에 빠져 몰려다니면 모든 것이 다 무너지고 맙니다.

하나님께서 노아 시대의 사람들을 물로써 심판하실 때에 그 시대상이 어떠했습니까? 예수님은 정확하게 지적하셨습니다. "노아의 때와 같이 인자의 임함도 그러하리라 홍수 전에 노아가 방주에 들어가던 날까지 사람들이 먹고 마시고 장가들고 시집가고 있으면서 홍수가 나서 저희를 다 멸하기까지 깨닫지 못하였으니 인자의 임함도 이와 같으리라"(마태복음 24:37-39).

소돔과 고모라 역시 쾌락에 젖어 살다가 하나님의 진노로 유황불에 멸망당해 지금은 사해바다가 되었습니다. 쾌락을 우상으로 숭배하고 살던 폼페이시도 화산의 폭발로 시 전체가 흔적도 없이 덮이고 말았습니다.

오늘날의 이 시대가 바로 노아의 시대를 따라가고 소돔과 고모라, 폼페이시처럼 쾌락 추구에 모든 것을 투자하고 있지 않습니까? 더 심각하고 염려스러운 것은 하나님을 믿는 백성들 중에도 생활에 여유가 있고 안정이 되자 예전에 은혜 받은 것은 다 잊어버리고, 하나님을 멀리하고 쾌락을 좇아서 달려가고 있다는 사실입니다. 하나님보다 이 세상의 쾌락을 우선시 하고 추구하는 것은 우상입니다.

하나님은 말씀하셨습니다. "너는 나 외에는 다른 신들을 네게 있게 말지니라"(출애굽기 20:3).

우리를 향해 몰려오는 쾌락의 우상을 경계해야 합니다.

7) 인기와 명예의 우상이 있습니다.

다른 사람들이 자기를 알아주고 자신의 이름이 널리 알려지는 것을 원하는 것은 사람의 본능입니다. 물론 정당하게 알려지고 선한 일을 위해 정직하고 적당하게 홍보하고 알리는 것을 탓할 수는 없습니다. 오히려 좋은 인기를 이용하여 하나님의 영광을 나타내고 복음전도의 기회를 삼는 인기인들도 많습니다. 자신의 인기와 명예로 하나님을 높이는 것은 좋은 일입니다. 그러나 이것이 지나치면 문제가 됩니다. 인기와 명예에 모든 것을 다 거는 사람들은 이미 그것을 우상화 시켜 버린 것입니다. 특히 하나님의 백성들이 하나님 보다 인기와 명예에 더 집착한다면 이것은 우상입니다.

유명한 헐리우드의 세기의 배우로 알려진 잉그리드 버그만은 이렇게 말했습니다. "헐리웃이여! 은막이여! 이렇게 황량할 수가!" 미남 배우 록 허드슨도 에이즈로 인하여 죽어 가는 모습을 보여주었습니다. 마를린 먼로도 세상의 모든 명예와 인기와 돈을 한 몸에 다 가졌다고 생각했을 무렵 자신의 인생을 비참하게 자살로 마감하고 말았습니다. 엘비스 프레슬리도 약물 중독사로 인기의 허무함을 말해주었습니다.

당대에 세상의 인기와 명예를 추구했고 누렸던 사도 바울은 예수 그리스도를 만난 후에 "나는 예수 그리스도를 아는 이 고상한 지식을 위해 세상의 모든 것을 해로 여기고 배설물로 여긴다."고 고백했습니다.

누가 진정한 인기인이며 누가 참된 명예를 얻은 사람입니까? 우리는 잠깐 있다가 없어질 세상의 인기와 명예를 얻기 위하여 모든 것을 다 바치는 어리석은 사람이 되지 맙시다. 우리는 장차 우주의 심판자이신 전능하신 하나님 앞에서 인정을 받고, 시들지 않고 썩지 않는 빛나는 면류관을 받으며, "잘하였도다 착하고 충성된 종아 네가 작은 일에 충성하였으매 내가 많은 것을 네게 맡기리니 네 주인의 잔치에 참여할지어다"는 칭찬을 받는 진정한 인기인이 되고 참된 명예를 얻는 성도가 됩시다.

8) 돈의 우상이 있습니다.

우리가 사는 이 세상은 이미 물질주의, 황금만능주의가 되었습니다. 돈이면 무엇이든지 다 되는 것으로 알고 돈으로 모든 것을 해결하려고 합니다. 돈은 우리가 살아가는 데 필요합니다. 그러나 결코 우리의 삶의 목적이나 숭배의 대상은 될 수 없습니다. 그러나 이미 돈은 많은 사람들의 우상이 되었습니다.

폼페이시가 화산 폭발로 땅 속에 묻혔습니다. 그 도시를 발굴하던 사람이 한 해골을 발견하였는데 한 손에는 금화를, 다른 한 손에는 은화를 쥐고 있었습니다. 그는 부자였던 것 같습니다. 그러나 그의 돈은 죽은 돈입니다. 죽는 순간까지 돈을 손에 쥐고 있었던 것을 보면 그는 돈의 노예였음이 분명합니다. 그가 죽는 순간 그의 돈도 이미 죽은 것이었습니다.

오늘날은 돈을 위해서라면 양심도 팔고 정조도 팔고 신앙도 팔아버리는 세상이 아닙니까? 하나님을 믿는 성도들도 돈에 사로잡혀 하나님을 섬기는 일을 등한시하고, 주의 교회를 위한 일과 사랑과 선을 베푸는 일을 바로 하지 못한다면 이미 돈을 우상시 하고 있다고 밖에 말할 수 없습니다.

헤셀 포드 목사님은 이렇게 말했습니다. "나는 법정에 소환되어 '이 사람은 이웃의 것을 도적질했습니다.' 라는 말을 듣고 싶지 않습니다. 그러나 그것은 언젠가 하나님의 심판대 앞에서 '너는 하나님의 것을 도적질했다.' 는 말을 듣는 것 보다 훨씬 낫습니다."

오늘날은 하나님이 없다고 하는 사람은 별로 없습니다. 그러나 생활 속에서 하나님이 없이 살고 하나님의 명령을 어기고 살아가는 사람은 많이 볼 수 있습니다.

어느 청년이 목사님께 부탁을 했습니다. 그 청년이 말하기를 "목사님 저를 위해 기도해 주십시오. 그러면 제가 사업을 잘 운영해서 주님을 위해 큰 일을 하겠습니다." 그 말을 들은 목사님은 열심히 기도해 주었습니다. 그 청년의 사업은 크게 번창했습니다. 그러다 보니 바빠지기 시작했고 많은 돈도 벌었습니다. 그는 목사님과의 약속을 잊어버렸습니다. 돈의 노예가 되어 버렸기 때문입니다. 나중에는 교회에 출석도 하지 않았습니다. 목사님이 심방을 가서 "왜 약속한 대로 십일조를 하지 않습니까?" 하고 물으니, 그 청년의 대답은 "액수가 커지니까 경영상 십의 일조를 하기가 어렵습니다." 하고 대답했습니다. "그러면 왜 교회 출석은 하지 않습니까?" 하고 다시 물었더니, "사업이 여간 바쁘지 않아서 여러 군데 사업장을 벌이다 보니 교회에 가고 싶은 생각이 나지 않아서요." 하고 대답했습니다. 그래서 목사님이 이 청년에게 기도하자고 했습니다. 청년은 목사님의 기도를 거절할 수는 없었습니다. 그 청년은 하나님을 믿고 있었고 축복을 받고 싶었기 때문입니다. 목사님이 이 청년의 손을 잡고 기도했습니다. "하나님 아버지, 이 형제의 수입이 너무 커서 십일조를 하기가 어렵다고 하오니 수입을 훨씬 줄여주셔서 십일조 하기가 용이하게 해 주시옵소서. 또한 교회 출석을 하고 싶으나 너무 바빠서 못한다고 하오니 사업장을 대폭 줄여 주셔서 교회 출석을 잘 하게 해 주시옵소서…." 이렇게 기도가 이어지자 이 청년은 기도가 끝나기도 전에 "목사님, 기도 그만하십시오. 잘 알겠습니다." 황급히 목사님의 기도를 막았습니다.

성도 여러분, 우리가 섬기는 하나님은 사랑의 하나님이신 동시에 질투의 하나님이십니다.

하나님은 이스라엘을 사랑하시어 애굽의 종 되었던 자리에서 구원하시고 자유를 주셨습니다. 젖과 꿀이 흐르는 가나안 땅을 선물로 주셨습니다. 주님은 광야 40년 동안 그들과 동행하시고 그들에게 필요한 모든 것을 공급해 주셨습니다. 그러므로 이스라엘이 참된 행복을 누리려면 그들을 구원하시고 축복하신 하나님을 온전히 섬겨야 됩니다. 이것이 행복의 비결입니다. 그래서 하나님은 십계명의 제일 앞에 "너는 나 외에는 다른 신들을 네게 있게 말지니라"(출애굽기 20:3)고 하셨습니다.

성도 여러분, 하나님은 죄와 허물로 죽었던 우리를 사랑하시어 우리를 죄에서 구원하시려고 십자가에 달려 자신의 생명을 주셨습니다. 우리에게 영원한 생명을 주셨고 천국의 영광을 약속하셨습니다. 하나님은 우리가 이 세상을 살아갈 때에 필요한 모든 은혜를 주십니다. 과거, 현재, 미래의 모든 일들을 책임지고 인도하십니다. 그러므로 우리가 행복하게 살 수 있는 비결은 하나님 한 분만을 섬기는 데 있습니다. 그러므로 우리는 하나님께서 우리에게 주신 십계명의 첫 계명인 "너는 나 외에는 다른 신들을 네게 있게 말지니라"(출애굽기 20:3)를 기억하고 잘 지켜야 합니다.

그런데 이 사실을 잊어버리고 돈의 포로가 되고 물질의 노예가 되어서 하나님을 버리고 도망가고, 예배를 등한히 하고, 하나님께서 축복으로 주신 것을 온전히 바치지 못하고, 하나님의 교회를 기쁨으로 섬기지 않는다면 참 행복을 스스로 포기하는 것이 됩니다.

성도 여러분, 진정한 행복은 어디에서 옵니까? 천하를 얻고도 자기의 생명을 잃으면 무슨 소용이 있겠습니까?

땅에서 보이는 것보다 더 중요하고 소중한 것은 우리의 눈에 보이지 않는 저 높은 하나님의 세계임을 알아야 합니다. 우리의 행복의 출처는 바로 하나님께 있습니다. 하나님보다 더 높은 자리에 두는 것은 다 우상입니다. 하나님보다 더 사랑하는 것은 다 우상입니다. 하나님보다 자기의 생활을 더 중요시하는 그것 역시 우상입니다.

우리가 가진 모든 것을 누가 주셨습니까? 다 하나님께서 주셨습니다. 우리의 참 만족은 하나님 한 분에게 있는 것입니다.

다윗은 "여호와는 나의 목자시니 내가 부족함이 없으리로다"(시편 23:1)라고 고백합니다.

사랑하는 성도 여러분, 우리의 참된 행복은 십계명의 첫 번째 계명인 "너는 나 외에는 다른 신들을 네게 있게 말지니라"(출애굽기 20:3)는 말씀에 있음을 마음에 잘 새깁시다. 우리를 창조하시고, 우리에게 위대한 구원을 베푸시고, 우리의 현재와 미래의 모든 길을 인도하시며 축복하시는 오직 여호와 하나님 한 분만을 섬기고 따라가는 성도가 됩시다.

3. 유일하신 하나님은 오직 한 분 여호와이십니다.

우리가 섬기는 하나님은 어떤 하나님이십니까? 오늘 성경은 말씀합니다.

1) 종 되었던 곳에서 해방시켜 주신 하나님이십니다.

"하나님이 이 모든 말씀으로 일러 가라사대 나는 너를 애굽 땅, 종 되었던 집에서 인도하여 낸 너의 하나님 여호와로라"(출애굽기 20:1-2).

하나님은 애굽에서 종노릇하던 이스라엘에게 해방을 주셨습니다. 우상 숭배를 하던 죄악에서 해방시켜 참 신이신 하나님을 섬기게 해 주셨습니다. 이것은 이스라엘 스스로의 힘으로는 도저히 불가능한 일이었습니다. 그들은 평생 노예로 살아갈 수밖에 없는 무능력한 존재들이었습니다. 그러나 하나님은 주의 종 모세와 아론을 보내시고 그들을 통해 애굽을 열 가지 재앙으로 초토화시키시는 큰 권능을 보여 주심으로써 자유를 주셨습니다. 이 일은 전적으로 하나님의 은혜로 된 것입니다. 이스라엘이 바로 그 하나님만을 섬겨야 하는 것은 당연한 일이었습니다. 그것이 행복의 비결입니다. 그래서 하나님은 "너는 나 외에는 다른 신들을 네게 있게 말지니라"(출애굽기 20:3)는 계명을 십계명의 첫 계명으로 주셨습니다.

성도 여러분, 하나님은 전적 무능력한 우리들을 죄악에서 구원해 주셨습니다. 성경은 말씀합니다. "우리가 아직 죄인 되었을 때에 그리스도께서 우리를 위하여 죽으심으로 하나님께서 우리에게 대한 자기의 사랑을 확증하셨느니라"(로마서 5:8).

우리는 죄악의 종으로, 우리 스스로는 아무 것도 할 수 없습니다. 전적 무능력한 죄인들입니다. 그러나 그런 우리들을 위해 주 예수님께서 십자가에서 피흘려 죽어주심으로 구원해 주셨습니다. 우리가 죄인의 자리에 있을 때 주님은 이미 놀라운 일을 시작하셨던 것입니다.

우리를 창조하시고 죄악에서 구원하시고 영생을 주시고 지금도 우리의 삶을 주장하시고 인도하시는 분은 유일하신 하나님 한 분뿐이십니다. 우리를 죄악의 종의 자리에서 구원해 주신 주님은 말씀합니다. "수고하고 무거운 짐 진자들아 다 내게로 오라 내가 너희를 쉬게 하리라"(마태복음 11:28).

2) 하나님은 나 자신의 하나님이 되십니다.

"너는 나 외에는 다른 신들을 네게 있게 말지니라"(출애굽기 20:3).

하나님과 나 사이는 일 대 일의 관계입니다. 즉 하나님과 나는 직접적으로 만나고 교제합니다. 그러므로 하나님과 나 사이에 거리낄 것이 있어서는 안됩니다.

내가 하나님을 섬기고, 내가 하나님을 사랑하는 것이지 누가 대신 해 줄 수 있는 것이 아닙니다. 하나님과 나 사이에 다른 어떤 것이 개입될 수 없습니다. 하나님과 나와의 일 대 일의 관계입니다.

3) 그러므로 나는 하나님 한 분만을 섬겨야 합니다.

"너는 나 외에는 다른 신들을 네게 있게 말지니라"(출애굽기 20:3).

나는 하나님 한 분만을 사랑하고 그 분만을 섬겨야 합니다. 성경은 말씀합니다. "이스라엘아 들으라 우리 하나님 여호와는 오직 하나인 여호와시니 니는 마음을 다하고 성품을 다하고 힘을 다하여 네 하나님 여호와를 사랑하라"(신명기 6:4-5). 그리고 여호수아는 이렇게 고백합니다. "그러므로 이제는 여호와를 경외하며 성실과 진정으로 그를 섬길 것이라 너희의 열조가 강 저편과 애굽에서 섬기던 신들을 제하여 버리고 여호와만 섬기라 만일 여호와를 섬기는 것이 너희에게 좋지 않게 보이거든 너희 열조가 강 저편에서 섬기던 신이든지 혹 너희의 거하는 땅 아모리 사람의 신이든지 너희 섬길 자를 오늘날 택하라 오직 나와 내 집은 여호와를 섬기겠노라"(여호수아 24:14-15).

아브라함은 평생 동안 나그네 생활을 하면서 하나님 한 분만을 사랑하고 섬겼습니다. 야곱도 마지막 죽음의 시간까지 지팡이를 의지하여 하나님 한 분께 경배를 드렸습니다. 다윗 역시 평생 동안 여호와 하나님 한 분만을 목자로 섬기고 사랑하고 따랐습니다. 사도 바울도 오직 하나님 한 분만을 섬기고 그 분의 말씀을 전파하기 위하여 자신의 모든 것을 다 바쳤습니다.

사랑하는 성도 여러분!

참 행복과 성공의 길은 오직 여호와 하나님 한 분만을 사랑하고 "너는 나 외에는 다른 신들을 네게 있게 말지니라"(출애굽기 20:3)는 십계명의 제 1계명을 지키는 데 있습니다. 여호와 하나님은 우리의 창조자시요, 우리의 구원자이시며, 우리를 축복하시며, 어제나 오늘이나 영원토록 동일하신 오직 한 분밖에 없는 유일하신 하나님이시기 때문입니다. 아멘.

제 2 계명
우상을 섬기지 말라

제 2 계명

우상을 섬기지 말라
(출애굽기 20:4-6)

    행복의 비결은 하나님께서 주신 십계명을 지키는 데 있습니다. 제 1계명 "너는 나 외에는 다른 신들을 네게 있게 말지니라"(출애굽기 20:3)는 말씀을 지키는 것입니다.

    하나님은 한 분밖에 없습니다. 그러면 하나님을 올바르게 섬기고 경배하려면 어떻게 해야 합니까? 이것은 아주 중요한 문제입니다.

    하나님을 사랑하고 예배드리기를 힘써야 할 성도들이 하나님 잘 섬기지 못하고, 예배를 잘 드리지 못하고 있다면 심각한 문제가 아닐 수 없습니다. 인간들은 어리석고 또한 자기 중심적이며 눈에 보이는 것을 섬기려고 하는 성향이 있습니다. 그렇기 때문에 하나님을 섬기는 일에도 자기 중심적으로 행하는 죄를 범하기 쉽습니다.

우리의 연약함을 잘 아시는 하나님은 십계명 중 제 2계명에서 예배를 바르게 드리는 방법에 대해서 말씀해 주셨습니다. 그것은 "우상을 섬기지 말라"는 말씀입니다.

이스라엘 백성들이 약속 받은 젖과 꿀이 흐르는 땅 가나안에 살던 여러 부족들은 많은 우상들을 섬기고 있습니다. 하나님은 이스라엘 백성들이 우상의 유혹에 빠질 것을 미리 내다보시고 명령하셨습니다. 하나님을 버리고 우상을 숭배하는 것은 비극의 원인이요 하나님의 은혜가 떠나는 원인이 됩니다. 행복의 비결은 창조자요 구속자이시며 복의 근원이 되시는 하나님 한 분만을 섬기는 데 있습니다.

하나님은 한 분이십니다. 하나님 외에 다른 것을 섬기는 것은 우상입니다. 그러면 어떻게 하나님을 섬겨야 합니까? 하나님은 우상을 섬기지 말라고 하셨습니다. 참된 행복은 오직 하나님 한 분만을 섬기는 것입니다. 우상 숭배는 행복을 파괴하는 것이요, 행복의 비결을 가르쳐 주신 하나님께 정면으로 대결하는 불신앙의 행동입니다.

1. 우상 숭배란 무엇입니까?

1) 우상이 무엇입니까?

하나님을 대신하여 예배 행위를 하는 대상의 모든 것을 말합니다. 하나님은 오늘의 본문 제 2계명에서 "너를 위하여 새긴 우상을 만들지 말고 또 위로 하늘에 있는 것이나 아래로 땅에 있는 것이나 땅 아래 물 속에 있는 것의 아무 형상이든지 만들지 말며 그것들에게 절하지 말며 그것들을 섬기지 말라"(출애굽기 20:4-5)고 말씀하셨습니다.

우상은 나무, 큰 바위, 일월성신, 조상숭배, 불상 조각, 그림 등이 될 수 있습니다.

①신약성경에는 하나님 보다 더 사랑하는 것, 즉 탐심이 우상이라고 했습니다.
성경은 말씀합니다. "너희도 이것을 정녕히 알거니와 음행하는 자나 더러운 자나 탐하는 자 곧 우상 숭배자는 다 그리스도와 하나님 나라에서 기업을 얻지 못하리니"(에베소서 5:5), "그러므로 땅에 있는 지체를 죽이라 곧 음란과 부정과 사욕과 악한 정욕과 탐심이니 탐심은 우상 숭배니라"(골로새서 3:5).

②예배의 수단이 목적으로 변질되어 버린 것이 우상입니다.
하나님을 잘 나타내기 위하여 사용된 도구, 즉 예술품이나 그림, 조각 등 어떤 상징 등을 섬기는 것은 우상입니다. 처음에는 하나님의 은혜에 감사해서 기념품을 보관하려는 의도에서 시작되었으나 나중에는 우상 숭배로 변하게 됩니다.

③살아있는 인격 대신에 물건을 경배의 대상으로 삼는 것이 우상입니다.

시각화하는 것입니다. 하나님은 영이시므로 우리의 눈으로 볼 수 없습니다. 그런데 보이지 않는 하나님을 눈에 보이게 만들어 섬기는 것은 우상입니다.

④나 자신의 이기심이 우상입니다.
예배는 하나님 중심으로 드려야 합니다. 그런데 자기 중심으로 할 때가 있습니다. 이것은 우상입니다.

우리 성도들은 예수 그리스도의 십자가의 죽으심으로 구원받은 사람들입니다. 그러므로 우리도 항상 그리스도를 위해 희생하고 죽을 수 있어야 합니다. 주님을 나타내는 일에 최선을 다해야 합니다.

요한 칼빈은 말하기를 "내가 죽은 후에 무덤에 비석을 세우지 말라."고 당부했습니다. 그의 뜻을 존중하여 그의 무덤에는 아무런 비석도 없이 오직 "J.C."라는 요한 칼빈의 약자만을 기록하여 표시하였습니다. 위대한 종교개혁자요, 신학자요, 목회자인 요한 칼빈이 왜 그렇게 했습니까? 그것은 자기 때문에 그리스도가 가리워질까 두려워했기 때문입니다.

한국 교회가 잊을 수 없는 한 분의 선교사가 있습니다. 그 분의 이름은 Samuel Moffat입니다. 그는 한국에 와서 한국교회를 짊어지고 나갈 지도자를 양육하는 평양신학교를 세운 유명한 미국의 선교사입니다. 그가 한국의 선교를 마치고 미국으로 귀국할 때에 한국교회 지도자들이 그를 위하여 기념비석을 세우려고 했습니다. 그것은 우상 숭배가 아닌 기념의 차원에서 세우자는 것이었습니다. 그 때에 우리가 잘 아는 '예수 천당'으로 유명한 최권능 목사님이 자리에서 벌떡 일어나 말했습니다. "저는 누구보다도 마포삼열 박사를 존경합니다. 한국교회의 은인이며 나의 신앙의 선배이십니다. 나는 그 분을 진심으로 존경합니다. 그러나 만약 당신들이 마포삼열 박사의 동상을 세우면 나는 도끼로 때려부수어 버릴 것입니다. 당신들은 세우십시오. 나는 부술 것입니다." 결국 최권능 목사님의 충정을 이해하신 마포삼열 박사의 간절한 만류로 기념관을 세우는 것만으로 낙찰되었다고 합니다.

우상 숭배는 나 자신과 성도들의 탐욕이 그리스도의 영광을 가리우는 것입니다. 그러므로 우리는 항상 나 자신이 이런 우상 숭배에 빠지고 변질되고 있지 않는가를 살피고, 겸손한 마음으로 항상 주님만을 나타낼 줄 알아야 합니다.

2) 금하지 않으신 것이 있습니다.

제 2계명 "너를 위하여 우상을 만들지 말라"는 말씀은 예술을 금한 것은 아닙니다. 종교적 목적으로 그린 그림이나 조각은 우상 숭배가 아닙니다.

모세가 광야에서 만들었던 놋뱀은 하나님의 명령에 의해서 만들어졌습니다. 그 놋뱀을 쳐다보는 사람은 병이 낫고 구원을 받았습니다. 이것은 종교적 대상이 아니었습니다. 하나님의 명령에 의한 것입니다. 이것은 예수 그리스도께서 십자가에 달리실 것을 상징으로 보여주신 것입니다. 예수 그리스도의 십자가를 쳐다보고 그 구속역사를 믿는 자가 구원받을 것을 상징으로 보여준 사건입니다. 그런데 당시의 사람들이 놋뱀을 우상으로 경배할 때 부수어 버렸습니다.

솔로몬 성전에는 아름다운 그림과 조각과 그릇과 기구가 있었고, 속죄소에는 천사인 그룹의 형상이 있었습니다. 그러나 이것은 하나님의 명령으로 만들어진 것들입니다. 교회당을 아름답게 꾸미고 단지 예술적으로 장식하는 것은 우상 숭배가 아닙니다. 그것은 하나님이 금하신 것이 아닙니다.

3) 금하신 것은 무엇입니까?

하나님이 우리에게 금하신 것은 우상입니다. 오늘의 성경 본문에서 분명히 말씀하고 있습니다. "너를 위하여 새긴 우상을 만들지 말고 또 위로 하늘에 있는 것이나 아래로 땅에 있는 것이나 땅 아래 물 속에 있는 것의 아무 형상이든지 만들지 말며 그것들에게 절하지 말며 그것들을 섬기지 말라"(출애굽기 20:4-5).

①종교적 예배 행위를 위해서는 아무 형상이든지 만들지 말라고 하신 것입니다.
이것은 모든 초상화, 모형, 하나님 형상, 화상, 그림자까지도 만들지 말라는 뜻입니다. 성경은 구체적으로 말씀하십니다. "여호와께서 호렙산 화염 중에서 너희에게 말씀하시던 날에 너희가

아무 형상도 보지 못하였은즉 너희는 깊이 삼가라 두렵건대 스스로 부패하여 자기를 위하여 아무 형상대로든지 우상을 새겨 만들되 남자의 형상이라든지, 여자의 형상이라든지, 땅 위에 있는 아무 짐승의 형상이라든지, 하늘에 나는 아무 새의 형상이라든지, 땅 위에 기는 아무 곤충의 형상이라든지, 땅 아래 물 속에 있는 아무 어족의 형상이라든지 만들까 하노라 또 두렵건대 네가 하늘을 향하여 눈을 들어 일월성신, 하늘 위의 군중 곧 너희 하나님 여호와께서 천하 만민을 위하여 분정하신 것을 보고 미혹하여 그것에 경배하며 섬길까 하노라"(신명기 4:15-19).

아론이 금송아지를 만들었을 때에 백성들은 그것이 하나님이라고 경배했습니다. 여로보암이 벧엘과 단에 금송아지를 만들어 놓고 백성들에게 하나님이니 경배하라고 강요했습니다.

②절하지 말라고 하셨습니다.
어떤 형상이나 그림을 만드는 의도는 절하기 위해서입니다. 바벨론의 느부갓네살왕이 큰 금신상을 만들었을 때에 거기에 모든 사람들이 엎드려 절했습니다.

우리는 알아야 합니다. 살아있는 인격자를 두고 그와 비슷한 어떤 형상을 만들어 놓고 거기에 절을 한다면 그 사람을 모독하는 것이요 무시하는 것입니다. 하나님은 영이십니다. 살아 계신 인격자이십니다. 그러한 하나님 대신에 뱀, 거미, 송아지 등의 형상을 만들어 놓고 절하며 하나님이라고 숭배한다면 그것은 하나님을 모욕하는 것입니다.

어떤 형상을 만들어 놓고 거기에 절하고, 무덤이나 사당 앞에서 절하거나 제사 드리는 것은 우상숭배입니다. 성모마리아상, 성자상, 십자가상 앞에서 절하고 기도하는 것은 다 우상숭배로 볼 수 있습니다. 물론 그 형상을 보고 절하는 것이 아니라 형상 건너편에 있는 하나님께 경배한다고 말합니다. 예배드리는 데 아무 것도 없는 것 보다 어떤 형상을 보고하는 것이 도움이 된다고 말합니다. 그러나 그것은 잘못되었습니다. 계속 그렇게 할 때에 하나의 습관화가 되고 신념화가 되고 의식화가 됩니다. 그래서 그것을 볼 때마다 하나님을 생각하게 됩니다. 자연스럽게 기도하고 섬기게 됩니다. 어떤 형상이 하나님의 자리를 차지하는 우상이 되기 쉬운 것입니다.

어느 교회에 할머니 한 분이 예배가 끝난 뒤에도 강대상 앞에 나와서 십자가를 보며 합장을 하고서 절을 했다고 합니다. 이것은 하나님을 잘못 경배하는 것입니다. 우리는 살아 계신 하나님을 믿음으로 바라보아야 합니다.

사람은 종교적인 본능이 있기 때문에 예배 대상을 보고 싶어 하고 찾으려고 애씁니다. 그러므로 자기보다 위대하고 강하고 크게 보이는 것에 경배하고 절하려고 합니다.

Plutarch는 이렇게 말했습니다. "우리는 성벽, 문자, 가옥, 극장, 오락장 등이 없는 도시는 발견할 수 있다. 그러나 종교, 맹세, 예언 등이 없는 도시는 하나도 보지 못했고 앞으로도 보지 못할 것이다."

　사람은 무엇이든지 예배드리고 싶어하는 본능이 있으므로 우상 숭배를 하게 됩니다.

　오랜만에 멀리 해외로 일하러 갔던 남편이 집으로 돌아왔습니다. 그런데 남편의 사진을 크게 만들어서 벽에 걸어놓고 그 사진을 보면서 자기의 남편처럼 생각하고 영접한다면 얼마나 어리석고 우스운 일이겠습니까? 임금님을 앞에 두고 그 임금의 초상화 앞에 절하는 것도 불합리적인 것입니다.

　Aquinas는 이렇게 말했습니다. "그리스도의 상에도 숭배하면 안 된다. 왜냐하면 그것은 우상이기 때문이다."

　성경은 어떤 형상이든지 만들거나 거기에 절해서는 안 된다고 말씀합니다. 왜냐하면 하나님은 오직 한 분 밖에 없는 살아 계신 인격자이시기 때문입니다.

4) 우리는 하나님의 형상대로 지음을 받은 피조물이므로 우상을 섬겨서는 안됩니다.

　하나님은 그의 형상대로 우리를 창조하셨습니다. 그러나 인간들이 범죄하여 하나님의 형상이 파괴되었습니다. 이를 위하여 예수 그리스도께서 이 세상에 오셔서 십자가에 달려 죽으셨습니다. 그러므로 예수 그리스도를 영접한 사람은 하나님의 자녀의 권세를 회복하는 동시에 상실했던 하나님의 형상을 다시 회복하게 됩니다.

성경은 말씀합니다. "그런즉 누구든지 그리스도 안에 있으면 새로운 피조물이라 이전 것은 지나갔으니 보라 새 것이 되었도다"(고린도후서 5:17).

그러므로 우리는 날마다 그리스도의 형상을 내 속에서 이루고 닮아가며 성장해야 합니다. 그런데 하나님의 형상을 가진 우리가 어떻게 우상 앞에 절할 수 있겠습니까? 그리스도의 형상을 닮아가며 날마다 완전을 향하여 나아가야 할 우리가 인간이 손으로 만든 그림이나 조각이나 형상 앞에서 절을 할 수 있겠습니까? 만일 우리가 어떤 형상이나 조각 앞에 절하고 섬긴다면 그것은 나 스스로가 나의 존귀함을 파괴해 버리고 무시하는 것이 되고 맙니다. 이것은 하나님의 형상을 더럽히는 것이며 예수 그리스도의 십자가의 보혈을 욕되게 하는 것입니다.

하나님은 명령하셨습니다. "하늘에 있는 것이나 땅에 있는 것이나 땅 아래 물 속에 있는 아무 형상이든지 만들지 말고 거기 절하지 말고 섬기지 말라"(출애굽기 20:4-5).

성도 여러분, 우리는 비록 종교적 목적으로든 예배의 목적으로든 어떤 형상이든지 만들거나 절하지 말고 버립시다. 그리고 살아 계신 하나님만을 경배하고 섬기며, 하나님의 형상을 소유하는 백성들이 됩시다.

2. 왜 우상을 금하십니까?

1) 하나님은 질투하시는 하나님이시기 때문입니다.

성경은 말씀합니다. "그것들에게 절하지 말며 그것들을 섬기지 말라 나 여호와 너의 하나님은 질투하는 하나님인즉 나를 미워하는 자의 죄를 갚되 아비로부터 아들에게로 삼 사대까지 이르게 하거니와 나를 사랑하고 내 계명을 지키는 자에게는 천대까지 은혜를 베푸느니라"(출애굽기 20:5-6).

Calvin은 "어떤 경우에서나 대상이 바뀌는 것을 불허한다."고 말했습니다. 하나님은 인격자이십니다. 하나님은 하나님에 대한 사랑을 빼앗겼을 때에는 질투하십니다. 아내는 남편에 대한 정절을 지키고, 남편도 아내에 대한 정절을 지켜야 합니다. 만일 아내와 남편이 각각 다른 남자와 다른 여자를 더 사랑하게 된다면 질투가 일어나는 것은 당연합니다.

성경에는 하나님은 신랑으로 우리 성도는 신부로 묘사되어 있습니다. 그런데 신부된 성도가 신랑되신 하나님을 버리고 다른 우상을 섬기고 거기에 절한다면, 이것은 신앙의 정절을 상실한 것이요 음행한 것입니다. 이것은 하나님을 버리는 것이므로 하나님은 질투하신다고 하셨습니다. 단일한 사랑을 빼앗겼으므로 질투하신다는 말씀입니다.

2) 그러므로 질투하시는 하나님은 저주와 축복을 말씀하십니다.

성경은 말씀합니다. "그것들에게 절하지 말며 그것들을 섬기지 말라 나 여호와 너의 하나님은 질투하는 하나님인즉 나를 미워하는 자의 죄를 갚되 아비로부터 아들에게로 삼 사대까지 이르게 하거니와"(출애굽기 20:5).

①하나님을 미워하는 자에게는 그 아버지의 죄를 3,4대까지 벌을 주십니다.

하나님을 미워하는 자는 어떤 사람입니까? 하나님을 미워하는 자는 하나님을 사랑하지 않는 자, 하나님의 말씀을 거스리는 자, 하나님을 섬기지 않는 자입니다. 특히 하나님 대신에 우상을 섬기는 자, 하나님보다 다른 것을 더 사랑하는 자가 바로 하나님을 미워하는 자입니다.

하나님을 미워하는 자에게 아버지의 죄를 3,4대까지 갚겠다는 것은 죄를 쌓아서 벌을 주시겠다는 말씀입니다. 3,4대까지 벌을 주신다는 말씀은 아비의 죄로 인하여 지옥에 간다는 말이 아닙니다. 이것은 부모의 죄가 자식들에게 미치는 심각한 영향으로 이해 할 수 있습니다.

예를 들어서 부모가 알코올 중독자가 되고, 몸을 해치는 약물을 복용하거나 잘못된 성생활로 인해 기형아가 태어날 수도 있고, 또 다른 질환으로 고통받거나, 또는 성병으로 고통을 당할 수 있습니다.

그런데 "나는 하나님을 사랑하지도 않고 미워하지도 않는다."고 말하는 사람이 있습니다. 그러나 하나님을 미워하지도 않고 사랑하지도 않는다는 중간 회색지대는 있을 수 없습니다. 하나님은 하나님을 사랑하지 않는 자는 하나님을 미워하는 자로 간주해 버리십니다.

예수님은 분명히 말씀하셨습니다. "한 사람이 두 주인을 섬기지 못할 것이니 혹 이를 미워하며 저를 사랑하거나 혹 이를 중히 여기며 저를 경히 여김이라 너희가 하나님과 재물을 겸하여 섬기지 못하느니라"(마태복음 6:24).

"하나님이냐? 물질이냐?", "하나님이냐? 우상이냐?" 둘 중에 하나입니다. 하나님은 하나님을 사랑하지도 않고, 하나님을 섬기지도 않고, 하나님을 미워하는 자에게 그 죄를 갚으십니다.

사사시대에 이스라엘 백성들이 하나님을 버리고 바알신과 아스다롯을 섬길 때에 하나님은 블레셋을 비롯한 여러 이웃나라들이 이스라엘을 침략하게 하는 방법으로 심판하셨습니다. 아합왕이 우상 숭배를 하고 하나님의 선지자를 죽이고 핍박했습니다. 그럴 때에 하나님은 그를 심판하시어 그 자신도 누가 쏘았는지도 모르는 화살에 맞아 죽었습니다. 그 아내 악한 이세벨도 비참하게 던져져 죽어 그 시신은 알아보기 어려울 정도로 상했으며, 아합의 아들 70명도 학살당하였습니다.

이스라엘이 하나님께 불순종하고 우상 숭배로 하나님을 미워할 때에 하나님은 돌 위에 돌 하나 남김 없이 다 초토화 시켜 버렸고, 이스라엘을 멸망시켜 포로로 끌려가는 심판을 받았습니다.

Constatinople시가 형상을 세우고 경배할 때에 세계의 주목거리인 난공불락의 성인 이 도시가 터키 군에 의하여 무너졌습니다. 그들은 기독신자를 비난하고 형상과 십자가를 경멸하여 거리로 끌고 다니며 거기에 더러운 것을 던지며 "이것이 기독교의 신이다."라고 외쳤습니다. 이들은 우상 숭배의 결과 하나님의 심판을 받았습니다.

하나님은 그 아비의 죄가 3,4대까지 이른다고 경고 하셨습니다. 아비는 그의 죄로 인하여 죽으나 그 악의 씨앗은 이미 심어졌기 때문에 그의 열매는 다른 세대가 거두어야만 합니다.

성도 여러분, 우리는 경성하며 제 2계명의 가르침을 기억하며 기도해야 합니다. 내가 우상 숭배를 하거나, 하나님을 버리고 범죄하게 되면 나 자신뿐만 아니라 나의 후손까지 하나님의 진노를 받는다는 것을 마음속에 심어야 합니다.

②하나님은 자기를 사랑하는 자에게는 천대까지 은혜를 베푸십니다.
성경은 약속합니다. "나를 사랑하고 내 계명을 지키는 자에게

는 천대까지 은혜를 베푸느니라"(출애굽기 20:6).

주님을 사랑하는 사람은 어떤 사람입니까? 주의 계명을 지키는 사람입니다. 우상 숭배를 하지 않고 주의 계명을 지키고 순종하는 사람입니다.

성경은 말씀합니다. "하나님을 사랑하는 것은 이것이니 우리가 그의 계명들을 지키는 것이라 그의 계명들은 무거운 것이 아니로다"(요한일서 5:3), "나의 계명을 가지고 지키는 자라야 나를 사랑하는 자니 나를 사랑하는 자는 내 아버지께 사랑을 받을 것이요 나도 그를 사랑하여 그에게 나를 나타내리라"(요한복음 14:21).

하나님은 하나님을 사랑하는 자에게는 천 대까지 은혜를 주십니다. 직역하면 לאלפים(라알라핌), 즉 '천 명의 사람들에게' 라는 뜻입니다. 그러므로 천 때까지 은혜를 주신다는 것은 많은 후손들에게 은혜를 주신다는 말씀입니다. 우리 하나님은 자신을 미워하는 자에게는 3,4대까지 그 죄를 갚고, 하나님을 사랑하는 자에게는 천 대까지 은혜를 베푸신다는 것은 벌보다는 사랑과 은혜를 베풀어주시는 하나님임을 우리에게 보여줍니다.

하나님의 진노는 물방울이 떨어지는 것 같으나 하나님의 은혜는 샘물같이 솟아납니다. 하나님은 태양보다 더 크고 뜨거운 사랑을 베풀어주십니다. 아침, 낮, 밤, 때를 따라 주십니다. 빈부귀천을 가리지 않고 주십니다. 영원 전부터 영원까지 은혜를 주십니다. 매 순간 순간마다 늘 새로운 은혜를 주시는 분이십니다. 천 대까지 풍성한 은혜를 주십니다.

주님은 말씀하셨습니다. "도적이 오는 것은 도적질하고 죽이고 멸망시키려는 것 뿐이요 내가 온 것은 양으로 생명을 얻게 하고 더 풍성히 얻게 하려는 것이라"(요한복음 10:10).

아주 흥미 있고 주목할만한 통계가 있습니다. 오래 전에 미국에서 하나님을 사랑한 사람과 하나님을 거역했던 사람의 가문을 조사했습니다. 한 사람은 청교도의 후손이며 프린스톤 대학의 총장인 조나단 에드워드요, 다른 사람은 유명한 술주정뱅이였습니다. 조나단 에드워드의 후손은 200년 동안에 부통령 2명, 선교사와 목사 70명, 상·하 양원 30명, 저명한 학자나 의사와 교수 등 뛰어난 인물들이 무수히 배출되었습니다. 반면 술주정뱅이 후손은 깡패, 매춘부, 마약 중독자, 살인, 도둑 등 범죄자가 후손의 90%였다고 합니다.

이것을 보아 하나님을 사랑하는 자와 사랑하지 않고 미워하는 자의 결과는 엄청난 것임을 알 수 있습니다. 우리는 제 2계명을 따르는 자와 따르지 아니하는 자들의 열매를 유의해 보아야 합니다.

어느날 프레드릭왕이 신하를 모아놓고 "하나님은 살아 계신가?" 하고 물었다고 합니다. 재상이 "예, 살아 계십니다." 하고 대답을 했습니다. "그 증거가 무엇인가?" 하고 묻자, "예, 그 증거가 유태인입니다." 하고 대답했다고 합니다. 2000년 동안 방황하며 고난을 당하고 수난을 당한 민족이지만 세계 곳곳에서 그 나라의 중요 부서를 다 장악하며 영향을 미치고 있습니다. 그것은 아브라함에게 약속하신 대로 자손의 축복이 그대로 이루어지고 있기 때문이라는 것입니다.

성도 여러분, 지금도 우리 하나님은 주를 사랑하는 성도들과 그의 자손들에게 은혜를 베푸시며 함께 하십니다. 우리 모두 하나님 한 분만을 바로 섬기고, 그의 계명을 지키고, 전심으로 주를 사랑하여 천 대까지 은혜와 축복을 받는 성도가 됩시다.

3. 어떻게 경배해야 합니까?

1) 신령과 진정으로 드려야 합니다.

구약시대에는 하나님께 양과 소를 잡아서 제물로 드렸습니다. 그러나 이제 예수 그리스도의 십자가의 구속이 완성된 신약 시대의 성도는 신령과 진정으로 예배드립니다.

예수님은 말씀하십니다. "하나님은 영이시니 예배하는 자가 신령과 진정으로 예배할지니라"(요한복음 4:24).

①하나님은 영이십니다.
하나님은 우리의 중심을 보십니다. 예배는 입술과 말로만 드리는 것이 아닙니다. 예배는 교회에 출석하는 것만으로 드려지

는 것이 아닙니다. 참된 예배는 우리의 마음으로 하나님을 생각하고 그를 바라보고 영적·인격적으로 드리는 것입니다. 우리의 머리 속에 하나님 대신에 다른 것을 생각하고, 하나님이 아닌 다른 우상을 생각하며 섬긴다면 그것은 헛된 예배가 됩니다.

어떤 고래잡이 선장이 예배에 참석했습니다. 예배를 마친 후에 어떤 사람이 물었습니다. "이 예배에서 당신은 어떤 인상을 받았습니까?" 선장의 대답은 이러했습니다. "아무 인상도 받지 못했습니다. 교인들이 찬송을 하고 목사가 설교를 할 때에 저는 어디에 가서 고래를 잡을 것인가를 생각했습니다. 저의 마음 속에 고래 잡는 것 외에는 다른 생각이 있을 수가 없습니다." 이 사람은 예배 중에 이미 우상숭배를 한 것입니다.

한 연로한 목사님이 임종을 맞이했습니다. 주일에 아침 종소리가 울려 퍼졌습니다. 노 목사님은 그의 머리를 들고 무엇인가 말하려 했습니다. 교인들은 그 목사님의 입에 귀를 기울였습니다. 그 목사님은 더듬거리며 "교회에 나가 예배를 드리고 싶다."고 했습니다.

성도 여러분, 우리는 주님이 부르시는 그 날까지 진정으로 영적인 참 예배를 드리는 은혜를 누리는 복된 성도가 됩시다.

②예배는 진리로 드려야 합니다.
예배를 진정으로 드린다는 것은 진리로 드리는 것입니다. 예배를 말씀으로 드려야 합니다. 진리는 예수님입니다. 예수님 없

는 예배는 의미가 없습니다.

우리는 말씀을 사모해야 합니다. "복 있는 사람은 악인의 꾀를 좇지 아니하며 죄인의 길에 서지 아니하며 오만한 자의 자리에 앉지 아니하고 오직 여호와의 율법을 즐거워하여 그 율법을 주야로 묵상하는 자로다"(시편 1:1-2).

어거스틴은 참회한 후에 "최고의 기쁨은 말씀이다. 말씀은 황금서신, 사랑의 편지이다."라고 했습니다. 예배는 성경을 바로 알고 진리대로 드려야 합니다. 예배는 하나님의 말씀대로 드리는 것입니다. 예배는 신앙과 생활이 일치되어야 합니다.

Salvanus는 "하나님의 계명은 우리의 짐이 아니라 우리를 꾸미는 것이다."라고 했습니다. 무거운 짐을 지고 갈 때에 기쁨과 즐거움으로 지고 가는 경우와 억지로 마지못해 지고 가는 경우는 같은 짐이지만 다릅니다. 자기의 돈주머니를 짊어지고 가면서 짐으로 생각하는 사람은 없습니다. 자녀가 아무리 무거워도 짐으로 생각하는 사람은 없습니다.

성도 여러분, 우리도 하나님의 말씀을 무거운 짐으로 생각하지 말고, 기쁨과 즐거움으로 지켜 행하여 참된 예배를 드리는 성도가 됩시다.

2) 뜨겁게 사랑함으로 드려야 합니다.

가장 큰 계명은 무엇입니까? 예수님은 말씀하셨습니다. "예수께서 가라사대 네 마음을 다하고 목숨을 다하고 뜻을 다하여 주 너의 하나님을 사랑하라 하셨으니 이것이 크고 첫째 되는 계명이요 둘째는 그와 같으니 네 이웃을 네 몸과 같이 사랑하라 하셨으니 이 두 계명이 온 율법과 선지자의 강령이니라"(마태복음 22:37-40).

가장 큰 계명은 하나님을 사랑하는 것이요, 그 다음은 사람을 사랑하는 것입니다.

주님은 우리에게 사랑을 요구하십니다. 예배는 주님을 뜨겁게 사랑하는 마음으로 드려야 온전한 예배가 됩니다. 부활하신 예수님은 디베랴 바닷가에서 사랑하는 제자 베드로에게 물으셨습니다. "요한의 아들 시몬아 네가 나를 사랑하느냐?" 우리 하나님은 우리가 하나님을 사랑하지 않고 다른 신을 섬기거나 다른 우상에게 사랑을 빼앗기면 질투하시는 하나님이십니다.

그러면 우리는 어떤 사랑을 해야 합니까?

①순수하게 진심으로 사랑해야 합니다.
어떤 대가나 유익을 기대하는 사랑이 아닙니다. 우리에게 축복을 주시기 때문에 사랑하는 것이 아닙니다. 하나님은 우리의 창조자시요, 구원의 주님이시요, 은혜의 주님이시므로 순수하게 진실로 사랑해야 합니다. 우리는 하박국 선지자의 심정과 같이 순수하게 진심으로 주님을 사랑하고 섬겨야 합니다. 하박국 선

지자의 고백을 봅시다. "비록 무화과나무가 무성치 못하며 포도나무에 열매가 없으며 감람나무에 소출이 없으며 밭에 식물이 없으며 우리에 양이 없으며 외양간에 소가 없을지라도 나는 여호와를 인하여 즐거워하며 나의 구원의 하나님을 인하여 기뻐하리로다"(하박국 3:17-18).

②온 마음을 다하여 사랑해야 합니다.
한 방울 한 방울 떨어지는 사랑이 아니라 물줄기로 흘러내려야 합니다. 하나님을 마음으로 생각하고, 하나님을 의지로 선택하고, 하나님을 사랑으로 열망해야 합니다. 하나님에 대한 불타는 사랑을 가져야 합니다. 온 세상의 모든 것이 하나님을 향한 우리의 사랑을 덮어 억누를지라도 꺼지지 않는 그런 사랑을 간직해야 합니다.

우리는 사도 바울의 사랑을 고백할 수 있어야 합니다. "나의 간절한 기대와 소망을 따라 아무 일에든지 부끄럽지 아니하고 오직 전과 같이 이제도 온전히 담대하여 살든지 죽든지 내 몸에서 그리스도가 존귀히 되게 하려 하나니"(빌립보서 1:20).

③항상 같이 있고 헤어지기 싫은 사랑을 해야 합니다.
주님 없이는 살 수 없는 심령으로 사랑해야 합니다. 어떤 사람은 음악이 없으면, 꽃이 없으면, 차(茶)가 없으면 살아갈 맛이 없다고 합니다. 하나님과 우리의 관계는 포도나무와 가지의 관계입니다. 도저히 떨어질 수 없는 관계입니다. 우리는 주님 없이는 결코 살아갈 수 없는 존재들입니다.

④죄를 미워해야 합니다.

성경은 말씀합니다. "여호와를 사랑하는 너희여 악을 미워하라 저가 그 성도의 영혼을 보전하사 악인의 손에서 건지시느니라"(시편 97:1). 우리가 죄를 사랑한다는 것은 하나님을 미워한다는 것입니다.

성도 여러분, 우리 하나님은 인간의 약점을 잘 알고 계십니다. 종교적 대상으로 무엇인가 만들어 섬기고 싶어하는 것을 잘 아십니다. 그래서 무슨 형상이든지 만들거나 섬기지 말라고 금하신 것이 바로 제 2계명입니다. 우리 하나님은 아무런 흔적을 남기지 않으셨습니다. 성막의 기구들, 위대한 모세의 시신, 성경의 원본과 언약궤도 남기지 않으셨습니다. 그것은 인간들이 경배하거나 우상시 하지 못하게 하심입니다. 우리 예수님도 아무런 흔적을 남기지 않으셨습니다. 말구유, 동방박사를 인도한 별, 주님이 달리신 십자가를 남기지 않으셨습니다.

사랑하는 성도 여러분!
세상의 어떤 것으로도 예수 그리스도와 비교할 수 없습니다. 그 무엇도 예수님과 바꿀 수 없습니다. 그 무엇도 우리의 주님을 향한 사랑에서 빼앗을 수 없습니다. 우리는 그 어떤 형상이든지 만들거나 절하지 말고 오직 하나님 한 분만을 사랑하고 섬겨서 우리 자신과 자손 천 대까지 약속하신 은혜와 축복을 소유하는 성도가 됩시다. 이것이 제 2계명에서 말씀하는 행복의 비결입니다. 아멘.

제 3 계명

여호와의 이름을 망령되이 일컫지 말라

제 3 계명
여호와의 이름을 망령되이 일컫지 말라
(출애굽기 20:7)

행복의 비결은 하나님께서 주신 십계명을 지키는 것입니다. 하나님은 오직 한 분뿐이십니다. 이 유일하신 하나님을 바르게 섬기는 것이 바로 행복의 비결입니다. 그러므로 우리는 하나님 대신 우상을 섬기면 안됩니다. 우리는 신령과 진정으로 주님께 예배드려야 합니다. 뜨겁게 사랑하는 마음으로 하나님을 섬겨야 합니다.

그런데 우리가 하나님을 사랑하고 섬긴다고 하면서도 실제 우리의 생활 속에서 그렇지 못한 경우가 많습니다. 특히 신체 중 우리의 혀는 제일 많이 죄를 범하고 하나님을 욕되게 합니다. 그러므로 이 혀로 인해서 행복을 상실할 때가 많습니다. 이것을 잘 아시는 하나님께서 다음의 명령을 세 번째 계명으로 우리에게 주셨습니다.

"여호와의 이름을 망령되이 일컫지 말라"(출애굽기 20:7)

우리는 하나님을 바르게 경외하는 것을 배워야 합니다. 우리가 이 세 번째 계명을 잘 지킬 때 행복한 삶을 살아갈 수 있습니다.

1. 먼저 여호와의 이름을 알아야 합니다.

우리 하나님은 이름을 가지신 인격자이십니다.

1) 이름에는 다 뜻이 있습니다.

태어난 자녀에게 주는 가장 큰 선물은 좋은 이름입니다. 그런데 간혹 무성의하게 별 의미 없는 이름을 지어주는 경우도 있습니다. 일본에서, 자녀 이름을 '악마'라고 짓고 호적에 등록하려고 하자 당국에서 거부한 일이 있었으며, 이 일로 재판소동까지 일어났습니다.

이름은 인격과 본질을 나타냅니다.

2) 유대인들의 이름에는 모두 뜻이 있습니다.

'아브라함'은 '큰 무리의 아버지'라는 뜻이고 '이삭'은 '웃음', '이스라엘'은 '승리자', '아론'은 '언약궤', '모세'는 '물에서 건졌다', '베드로'는 '반석', '요한'은 '사랑을 입은 자'라는 뜻입니다.

3) 하나님의 이름에도 뜻이 있습니다.

하나님의 이름은 사람이 임의로 만들어 붙인 것이 아닙니다. 하나님 자신이 가르쳐 주신 것입니다. 이것은 하나님 자신이 당신의 본질을 사람들에게 알게 해 주신 것입니다. 하나님께서 자신을 가르쳐 주지 않으셨다면 우리는 그의 이름을 알 수도 없고 그의 본질도 알 수가 없었을 것입니다.

하나님께서 우리에게 이름을 알려 주신 데에는 깊은 뜻이 있습니다.

①그것은 하나님은 구체적으로 존재하시는 한 인격체라는 사실입니다.
②사람과 대화를 나누고, 관계를 맺으신다는 것입니다.
③절대자이신 신의 위치에서 상대적인 위치, 즉 우리 인간들이 이해할 수 있는 자리에까지 내려 오셨다는 것입니다.

하나님은 시내산에서 모세에게 하나님 자신의 이름을 가르쳐 주셨습니다.
  엘로힘-אהיה(나는 스스로 있는 자)
  야웨-יהיה(Yaweh- 스스로 있는 자)
  여호와-יהוה(Jehovah- 자존하시고 불변하시는 하나님)
  엘로힘-אלהים(Elohim- 주권자, 창조주 하나님)
  엘-א(El- 강한 능력이 있는 하나님)

아도나이-אֲדֹנָי(Adonai- 주인)
엘론-אֵלוֹן(Elon- 축복하시는 주님)
엘엘샤다이-אֵל שַׁדַּי(El Elshadai- 전능하신 하나님)

이 이름들 속에는 하나님의 본질과 사역의 뜻이 담겨져 있습니다. 그러므로 우리가 하나님의 이름을 부를 때 조심해야 하며 신중해야 합니다. 일반적으로 우리가 어떤 사람의 이름을 부를 때에 그 사람의 이름을 잘못 알고 부른다면 큰 실례가 됩니다. 또 이름을 기록할 때 철자가 잘못되거나, 호명할 때에 다르게 부른다면 그것 역시 실례가 됩니다. 또한 어떤 사람의 이름을 함부로 부르거나 이야기한다면 그것 또한 실례가 됩니다. 왜냐하면 이름은 상대방의 본질과 인격을 나타내기 때문입니다. 그렇다면 우리가 전능하신 하나님의 이름을 잘못 사용하거나 뜻 모르고 함부로 부른다면, 우리는 하나님 앞에서 범죄를 하는 것이 됩니다.

우리는 주기도문을 암송할 때에 "하늘에 계신 우리 아버지여 이름이 거룩히 여김을 받으시오며"라고 합니다. 이것은 우리의 삶 속에서 가장 중요하게 행할 것은 바로 하나님 아버지의 이름을 거룩하게 하는 것임을 말합니다.

하나님의 백성이 하나님의 이름을 영화롭게 하고 거룩히 여김을 받도록 해야 하는 것은 당한 일입니다. 그런데 하나님의 이름을 욕되게 한다면 그것은 죄를 짓는 것이 됩니다.

우리에게 행복을 주시는 하나님의 이름을 욕되게 한다면 불행한 일입니다. 행복의 원천이신 하나님의 이름을 거룩하게 하는 것이 행복의 비결입니다.

2. 망령되이 일컫지 말아야 합니다.

성경은 말씀합니다. "너는 너의 하나님 여호와의 이름을 망령되이 일컫지 말라 나 여호와는 나의 이름을 망령되이 일컫는 자를 죄 없다 하지 아니하리라"(출애굽기 20:7).

'망령되이 일컫다'는 말은 '헛되이 부른다', 즉 아무런 뜻이 없이 부르는 것을 말합니다. 그러므로 망령되이 일컫지 말라는 것은 하나님의 이름을 헛되이 부르거나 아무런 뜻도 없이 불러서는 안된다는 것입니다.

1) 하나님의 이름을 우리의 대화나 생활 속에서 가볍게 부르지 말아야 합니다.

우리 나라는 어른의 이름을 함부로 부르지 않습니다. 그래서 옛날 분들은 이름 대신에 호를 사용했습니다. 조당 조만식 장로님을 부를 때 조당 선생님이라고 불렀습니다. 왕의 이름도 함부로 부를 수 없습니다. '폐하'라고 부릅니다.

이스라엘 사람들은 하나님의 이름 "יהוה"(야웨)를 부를 수 없어서 대신 '주님'이라는 히브리어 단어 "אדני"(아도나이)로 불렀습니다. 1년에 단 한 번 대제사장이 지성소 안에 들어가서 부를 수 있었을 뿐이었습니다.

　서기관들이 성경을 필경하여 기록할 때에도 하나님의 이름이 나오면 그 하나님의 이름을 감히 부를 수도 없고, 기록할 수도 없어서 무릎을 꿇고 읽었습니다. 또는 하나님이란 이름의 단어가 넉자이므로 그냥 네 개의 점을 찍고 넘어가기도 했으며, 아예 하나님의 이름이 들어갈 자리를 비워 두기도 했습니다. 그리고 하나님의 이름이 나오면 '주님'이라는 단어, '아도나이'로 읽었습니다. 그들은 이렇게 하나님의 이름을 존중히 여겼습니다. 결코 함부로 부르지 않았습니다.

　그런데 오늘날은 어떠합니까? 하나님의 이름을 너무 함부로 사용하는 경우가 많습니다. 특히 서양 사람들은 깜짝 놀랄 때에도 "오, 하나님"(O God) 합니다. 그리고 기분이 아주 나쁠 때에는 "예수"(Jesus Christ) 라고 합니다. 이것은 하나님의 이름을 아주 나쁘게 사용하는 것입니다. 이것은 하나님의 이름을 헛되이 하는 것입니다.

　우리도 날씨가 좋지 않을 때에는 '하나님 맙소사', 무슨 갑작스런 일이 있을 때에도 '아이고 하나님', 원망할 일이 있어도 '아이고 주여' 등의 말을 예사로 사용합니다. 이런 경우에는 하나님을 생각하고 부른 것이 아니라 입술만 하나님 소리를 하는 것입니다. 마음에는 다른 것이 있을 때가 대부분입니다. 바로 이런 경우가 하나님의 이름을 망령되이 일컫는 것입니다.

기독교를 심하게 핍박하던 고대 로마시대 때였습니다. 어느날 로마 황제가 나사렛 예수의 이름을 들먹이며 죽음을 앞에 둔 기독교인을 조롱했습니다. "도대체 너의 주 목수 나사렛 예수는 어디서 무엇을 하느냐?" 하고 소리쳤습니다. 그때 순교의 자리에 선 기독신자는 주의 성령이 충만하여 그의 영혼을 주께 드리면서 황제에게 대답했습니다. "폐하여! 나사렛 예수는 그의 하늘의 목공실에서 폐하를 위하여 관을 만들고 계십니다." 하나님의 이름을 망령되이 말하던 그 황제는 하나님의 심판을 받아 죽고 말았습니다.

성경은 말씀합니다. "내가 너희에게 이르노니 사람이 무슨 무익한 말을 하든지 심판 날에 이에 대하여 심문을 받으리니 네 말로 의롭다 함을 받고 네 말로 정죄함을 받으리라"(마태복음 12:36-37).

성도 여러분, 우리는 우리의 대화나 생활 속에서 하나님의 이름을 욕되게 하는 위험 속에 살고 있다는 것을 명심해야 합니다. 우리의 대화 중에나 농담을 할 때에 성경말씀을 적용하는 것도 조심해야 합니다. 성경구절로써 장난하는 것도 삼가야 합니다. 그것 역시 하나님의 이름을 욕되게 하는 것입니다.

우리는 거룩하신 하나님의 형상대로 지음 받은 백성들입니다. 우리는 주님의 거룩하신 십자가의 보혈로 구속함을 받은 천국의 시민들입니다. 그러므로 우리의 모든 대화나 생활 속에서 하나님의 이름을 헛되이 하는 일을 철저히 경계하고 하나님의 이름을 조심스럽게 사용하며 주님을 경외하는 믿음의 성도가 됩시다.

2) 거짓 맹세와 거짓 서원을 하지 말아야 합니다.

맹세나 서원을 하고 그 약속을 지키지 않는다면 그것은 거짓말이 됩니다. 특히 하나님 앞에서 우리가 맹세하고 서원을 했으면 반드시 지켜야 합니다. 만일 지키지 못했으면 철저히 회개하고 용서를 구해야 합니다. 왜냐하면 지키지 않으면 하나님의 이름을 욕되게 하는 죄가 되기 때문입니다.

1923년 일본에 대지진이 일어났습니다. 수천 명이 사망하고 집을 잃었습니다. 이 때에 미국에서 일본인을 돕기 위해 수 백만 달러를 모금하여 일본으로 보냈습니다. 일본 사람들은 매우 감사히 여겨 그 은혜를 결코 잊지 않겠다고 다짐했습니다. 그런데 불과 18년이 채 되지 않은 1941년 12월 7일에 일본을 도와 주었던 미국의 하와이 진주만을 급습하여 전쟁을 일으켰습니다. 일본은 미국을 무자비하게 파괴해 놓고 뒤늦게 전쟁을 선포했습니다. 이것은 비열한 짓이며 은혜를 모르는 일이었습니다. 이것이 바로 거짓 맹세요 거짓 서원입니다. 그 결과 일본은 미국에게 비참하게 공격을 당했고 무조건 항복을 하는 결과를 초래하고 말았습니다.

이런 일들은 하나님의 백성인 우리 신자들의 생활 속에서도 일어납니다.

　어떤 중병에 걸린 성도가 하나님께 기도했습니다. "하나님, 제발 이번에만 병을 치료해 주시면 – 한 번만 기회를 주시면 남은 세월을 주를 위해 충성하고 봉사하겠습니다." 이 성도는 하나님의 은혜로 병고침을 받았습니다. 그런데 완쾌된 후에 자기의 마음대로 생활하고 교회를 멀리 하면서 살아갔습니다. 이것이 바로 하나님의 이름을 망령되이 일컫는 것입니다. 이 성도는 거짓 맹세의 죄를 범한 것입니다.

　어떤 청년이 많은 사람들 앞에서 하나님의 존재를 부인하는 불신앙의 소리를 외치며 청중들을 유혹하고 있었습니다. 청년의 연설이 끝난 후에 한 노인이 연단에 서서 외쳤습니다. "신사 숙녀 여러분, 나는 이 젊은이와 다투려고 하는 말이 아닙니다. 이틀 전에 일어났던 사실을 말하려고 합니다. 내가 나이아가라 강가를 지나고 있었는데 한 젊은이가 급류에 휩쓸려 떠내려가고 있었습니다. 그는 "하나님, 구해 주십시오. 만일 구해 주시면 나는 하나님을 위해 살겠습니다." 하고 약속했습니다. 나는 내 생명의 위험을 무릅쓰고 그를 구했습니다. 이틀 전에 하나님께 살려달라고 하던 그 청년이 바로 지금 여러분 앞에서 하나님은 존재하지 않는다고 연설한 바로 이 사람입니다."

　이 청년은 헛맹세를 한 것입니다. 거짓 서원을 한 것입니다. 이 청년은 제 3계명을 범한 것입니다.

　어떤 분은 사업에 어려움이 있고 직장 문제로 어려움을 당할 때에 "하나님, 저에게 다시 한 번만 재기할 수 있는 좋은 직장을 주십시오. 그러면 십일조를 철저히 드리고, 교회를 잘 섬기면서 감사생활을 하겠습니다."라고 서원합니다. 그런데 그 소원이 이루어지고 나면 상황은 달라집니다. 하나님께 바칠 것을 먼저 다른 곳에 사용해 버려서, 항상 하나님의 것은 없거나 모자라게 됩니다. 결국 하나님께서 더 좋은 것을 주실 기회를 자기 스스로 상실해 버리고 맙니다. 이것이 제 3계명을 어기는 것입니다.

어떤 사람이 서원했습니다. "하나님, 올해 한 번만 제게 봉사할 수 있는 직분을 주신다면 열심히 주께 충성하겠습니다." 그런데 그 기도가 응답되면 또 그 서원했던 것을 잊어버리고 약속을 지키지 않습니다. 거짓 맹세를 한 것입니다.

어떤 사람은 새해를 맞이하여 올해는 반드시 전도의 열매를 맺겠다고 하나님 앞에서 기도합니다. 그런데 그 마음의 결심이 점점 사라져 버리고 나중에는 아예 포기해 버립니다. 이 역시 하나님 앞에 거짓 서원을 한 것입니다.

어떤 분들은 하나님 앞에 큰 은혜를 받고 "주여, 평생동안 새벽기도를 하겠습니다."라고 약속합니다. 그러고는 처음에는 조금 하다가 이런 저런 이유로 중단해 버립니다. 결국 아예 그 약속조차 기억하지 못한다면 그것은 하나님 앞에서 거짓 맹세를 한 것이 됩니다.

어떤 분은 "주여, 응답해 주실 줄 믿습니다. 주여, 열심히 충성하겠습니다."라고 간절히 기도합니다. 그러나 실제는 믿지 않는다면 입술만으로 하나님의 이름을 부른 것이므로 그 기도는 거짓이 됩니다. 이런 사람은 하나님 앞에서 제 3계명을 어긴 것입니다.

미국 애틀랜타(Atlanta)에 있는 어느 교회의 남자 집사 한 분은 아주 신실하고 경건한 태도로 모든 세속적인 것을 정죄하고 비판했습니다. 기도 차례가 돌아오면 아주 경건하게 기도했습니다. 그의 기도는 마치 하나님을 대면하여 말씀드리는 것과 같았습니다. 그런데 그 사람이 국내 선교국(Mission Board)의 선교 헌금 중에서 백만 달러를 훔쳐내었습니다. 그는 위선자였습니다. 그의 경건한 모습의 기도와 태도는 다 가장된 것이었습니다. 그는 제 3계명을 어긴 것입니다.

어거스틴(Augustine)은 "유대인이 그리스도를 십자가에 못 박은 것이나, 지금 하늘의 그리스도께 욕하고 범죄 하는 것이나 다를 바가 없다."고 했습니다.

성경은 말씀합니다. "네 하나님 여호와께 서원하거든 갚기를 더디 하지 말라 네 하나님 여호와께서 반드시 그것을 네게 요구하시리니 더디면 네게 죄라 네가 서원치 아니하였으면 무죄하니라"(신명기 23:21-22).

성도 여러분, 우리는 함부로 '하나님 앞에서' 란 말을 사용해서는 안됩니다. 우리 하나님은 모든 것을 다 아십니다. 하나님은 우리의 마음의 생각과 뜻을 다 아십니다. 우리의 심령과 골수까지 다 해부하십니다. 그러므로 함부로 하나님의 이름으로 맹세해서는 안됩니다. 우리는 하나님의 이름을 신중하게 사용해야 합니다.

성경은 말씀합니다. "내가 주의 신을 떠나 어디로 가며 주의 앞에서 어디로 피하리이까 내가 하늘에 올라갈지라도 거기 계시며 음부에 내 자리를 펼지라도 거기 계시니이다 내가 새벽 날개를 치며 바다 끝에 가서 거할지라도 곧 거기서도 주의 손이 나를 인도하시며 주의 오른손이 나를 붙드시리이다"(신명기 139:7-10).

성도 여러분, 하나님과의 약속을 어기면 결국 누가 손해를 보겠습니까? 복의 근원이 되신 하나님을 기쁘시게 하는 것이 행복의 비결인데 오히려 그 분의 마음을 섭섭하게 한다면 어떻게 되겠습니까?

우리는 복의 근원이 되시는 하나님 앞에서 신실하게 약속하고 서원하고 또 지켜야 합니다. 그리고 십계명의 "너는 너의 하나님 여호와의 이름을 망령되이 일컫지 말라 나 여호와는 나의 이름을 망령되이 일컫는 자를 죄 없다 하지 아니하리라"(출애굽기 20:7)는 제 3계명을 충실하게 지켜서 참된 행복을 소유하는 진실한 성도가 됩시다.

3) 하나님의 말씀에 진지하게 대하지 않는 것은 하나님의 이름을 헛되게 하는 것입니다.

성경은 말씀합니다. "저희가 하나님을 시인하나 행위로는 부인하니 가증한 자요 복종치 아니하는 자요 모든 선한 일을 버리는 자니라"(디도서 1:16).

하나님이 우리에게 하신 그 말씀을 예사로 대하거나 거역하거나 또는 소홀히 취급하는 것도 하나님의 이름을 망령되이 일컫는 것입니다.

아담과 하와가 에덴 동산에서 하나님 앞에서 범죄 할 때에 사탄이 뱀 속으로 들어가 하와를 유혹했습니다. 성경은 그 장면을 아주 자세하게 기록하고 하고 있습니다. "이 여자에게 물어 가로되 하나님이 참으로 너희더러 동산 모든 나무의 실과를 먹지 말라 하시더냐 여자가 뱀에게 말하되 동산 나무의 실과를 우리가 먹을 수 있으나 동산 중앙에 있는 나무의 실과는 하나님의 말씀에 너희는 먹지도 말고 만지지도 말라 너희가 죽을까 하노라 하셨느니라 뱀이 여자에게 이르되 너희가 결코 죽지 아니하리라 너희가 그것을 먹는 날에는 너희 눈이 밝아 하나님과 같이 되어 선악을 알 줄을 하나님이 아심이니라 여자가 그 나무를 본즉 먹음직도 하고 보암직도 하고 지혜롭게 할 만큼 탐스럽기도 한 나무인지라 여자가 그 실과를 따먹고 자기와 함께한 남편에게도 주매 그도 먹은지라"(창세기 3:1-6).

하나님의 말씀에는 "선악과를 따먹는 날에는 정녕 죽으리라"고 하셨는데 하와는 "죽을까 하노라"는 말로 하나님의 말씀을 소홀히 여겼습니다. 그리고 하나님의 말씀을 무시하고 그 열매를 따먹고 말았습니다. 그 결과 이 땅에 죄가 들어오고 에덴동산이라는 낙원에서 추방당하고 말았습니다. 하나님의 말씀을 소홀히 여기고 무시한 것은 제 3계명을 어긴 것입니다.

하나님은 노아 홍수 때에 120년 동안의 기간을 주셨습니다. 노아가 악한 자들에게 하나님의 심판을 알리고, 회개를 촉구하며 하나님의 말씀을 전했으나 그들은 하나님의 말씀을 무시했습니다. 그 결과 그들은 대 홍수가 일어나자 모두 죽고 말았습니다. 그들은 하나님의 말씀을 가볍게 여겼습니다. 제 3계명을 무시한 것입니다.

소돔과 고모라에 살던 롯의 가족들이 하나님의 특별하신 은혜로 천사의 손에 이끌려 그 도시에서 구원함을 받았습니다. 그러나 롯의 두 사위는 하나님의 말씀을 무시한 결과 그 도시와 함께 멸망을 받았고, 그의 처는 뒤를 돌아보지 말라는 하나님의 말씀을 어기고 뒤를 돌아봄으로 소금 기둥이 되고 말았습니다. 그들은 하나님의 말씀을 우습게 여기고 경시했던 것입니다. 이것은 제 3계명을 어긴 것입니다.

마태복음 19장의 한 부자 청년의 경우를 봅시다. 주 예수님 앞에 나와서 영생의 문제를 의논하였으나 예수님의 말씀을 무시함으로 구원을 얻지 못한 대표적인 인물이 되었습니다. 성경은 이렇게 기록하고 있습니다. "어떤 사람이 주께 와서 가로되 선생님이여 내가 무슨 선한 일을 하여야 영생을 얻으리이까 예수께서 가라사대 어찌하여 선한 일을 내게 묻느냐 선한 이는 오직 한 분 이시니라 네가 생명에 들어가려면 계명들을 지키라 가로되 어느 계명이오니이까 예수께서 가라사대 살인하지 말라, 간음하지 말라, 도적질하지 말라, 거짓 증거하지 말라, 네 부모를 공경하라, 네 이웃을 네 몸과 같이 사랑하라 하신 것이니라 그 청년이 가로되 이 모든 것을 내가 지키었사오니 아직도 무엇이 부족하니이까 예수께서 가라사대 네가 온전하고자 할진대 가서 네 소유를 팔아 가난한 자들을 주라 그리하면 하늘에서 보화가 네게 있으리라 그리고 와서 나를 좇으라 하시니 그 청년이 재물이 많으므로 이 말씀을 듣고 근심하며 가니라"(마태복음 19:6-22).

　예수님은 그 청년을 사랑하시고 불쌍히 여겨서 영생의 도를 가르쳐 주었으나 그 청년은 하나님의 말씀 보다 재물을 더 중요하게 여겼으므로 말씀을 무시했던 것입니다. 그 결과 그는 음부에 내려가 슬피 울며 이를 가는 신세가 되고 말았습니다. 제 3계명을 어긴 결과입니다.

　아들 삼 형제를 둔 다복한 가정에 부인이 예수님을 영접하고 교회에 출석하기 시작했습니다. 그런데 그 남편은 독실한 불교 신자로서 산 속에서 금식과 철야기도를 하는 사람이었습니다. 전국 대학생회 총재, 전국 불교신도회장 등을 역임하는 불교계에서는 대단한 사람이었습니다. 그런데 그의 사업이 실패하게 되고 어려워지자 그는 고민을 하게 되었습니다. 그는 마음 속의 고민을 해결하지 못했습니다. 수백 회 전국 순회 불교 강연을 해도 평안과 기쁨이 없었습니다. 그러자 그의 부인이 남편에게 교회 나가기를 권유했습니다. 남편은 "교회가 어떤 곳인가 한 번 가서 보자."는 마음으로 참석했습니다. 목사님의 설교 제목이 "여호와는 나의 선한 목자"였습니다. 그의 마음에 "나도 하나님의 양이 되면 저런 축복을 받겠구나."라는 생각이 들면서 자기도 모르게 감격하여 울고 말았습니다. 그러나 평생 섬겨오던 불교를 끊자니 의심도 생기고, 고민도 되어 1년 동안을 괴로워했습니다. 그러던 중에 드디어 목사님의 십계명 강해 설교를 듣고 하나님 한 분만을 섬기기로 결심했습니다. 설교 시간에 목사님이 "하나님 한 분만을 섬기기로 결심한 분은 손을 드십시오." 하자 그는 번쩍 손을 들었습니다. 그는 '이제 나는 어린아이처럼 배우면서 하나님 한 분만을 섬기고 살겠다.'고 결심했습니다. 그는 이전의 사업을 다 정리하고, 이제는 예수님을 믿는 새 사람으로서 새 사업을 시작했습니다.

성도 여러분, 우리는 다 하나님의 말씀을 진지하게 받아들여야 합니다. 만일 여러분이 한 나라의 통치권자인 대통령이 초청장을 보낸다면 귀하게 받아들일 것입니다. 하물며 우주의 왕이신 하나님의 말씀의 초청을 진지하게 받아들이지 않는다면 그것은 제 3계명을 어기는 것입니다. 우리 모두 하나님의 말씀을 진지하게 받아들이고, 항상 말씀 앞에 겸손히 엎드리고, 마음의 문을 활짝 열어 하나님의 말씀을 그대로 믿고 순종합시다. 그리해서 제 3계명을 실천하여 참된 평화와 기쁨을 소유하는 성도들이 모두 되기를 바랍니다.

4) 하나님의 이름을 바로 사용하고 경외해야 합니다.

성경은 말씀합니다. "여호와를 경외하는 것이 지식의 근본이어늘 미련한 자는 지혜와 훈계를 멸시하느니라"(잠언 1:7).

우리는 예배 가운데서도 하나님의 이름을 경외해야 하며, 동시에 모든 생활에서도 하나님의 이름을 경외해야 합니다.

한 전도사가 인기 절정에 있는 어느 코미디언에게 물었습니다. "당신은 거짓말을 하면서도 수많은 사람들의 인기를 모으고 있는데 나는 진리를 증거 하는데도 많은 사람이 경청하지 않는 이유가 어디에 있다고 생각하십니까?" 그 코미디언은 이렇게 대답했습니다. "그 이유는 참으로 간단합니다. 우리는 거짓말을 참말처럼 이야기하는데 비해 당신들은 참말을 꼭 거짓말처럼 하고 있기 때문입니다."

(1)우리는 예배 시간에 진정으로 하나님을 경외하고 있습니까?
우리는 예배 시간에 어떤 생각을 하고 앉아 있습니까? "순서를 따라 이번에는 기도, 다음에는 찬송, 그 다음에는 설교하겠지." 이렇게만 생각하고 따른다면 과연 하나님을 경외한다고 할 수 있겠습니까? "오늘은 누가 예배 시간에 늦게 참석하는가? 누가 졸고 있는가?" 이런 일에만 신경을 쓰고 앉아있다면 온전한 예배가 되겠습니까? "저 설교는 아무개 집사가 잘 들어야 하는데? 우리 목사님은 왜 저런 양복과 넥타이를 매고 있을까? 좀 바꾸어 입을 수는 없을까?" 이런 생각만 하고 앉아있다면 이것은 하나님을 진정으로 경외하는 태도가 아닙니다.

우리는 주 예수 그리스도를 나의 구주로 모시고 신령과 진리로 하나님을 경외하는 예배를 드려야 합니다.

②기도할 때 하나님을 경외하고 있습니까?
어떤 분은 하나님께 연설하듯이 기도하는 분이 있습니다. 남을 비난하는 듯한 기도를 하는 분도 있습니다. 자칫 준비 없이 섰다가 중심 없이 우왕좌왕하는 기도가 되는 경우도 있습니다. 이런 것들은 하나님을 경외하는 기도가 아닙니다. 우리는 하나님 앞에서 겸손히 경외함으로 진실한 기도를 드려야 합니다.

③찬양할 때 하나님을 경외하고 있습니까?
"내 주 되신 주를 참 사랑하고"를 찬송할 때에 입술만 찬양을 하고 실제로는 주를 위해 희생하는 것이 하나도 없다면 그것은 하나님을 모독하는 것입니다. "주님의 뜻을 이루소서"를 찬송하면서 실은 자신의 뜻대로만 살아간다면 그것 역시 하나님의 이름을 망령되이 부르는 것이 됩니다. "날 대속하신 구주께 내 생명 모두 드리니"를 찬송하면서 우리의 생활 속에서는 그리스도를 위하여 아무것도 바치지 않는다면 그것 역시 하나님의 이름을 헛되이 하는 것이 되고 맙니다.

오래 전에 학생들과 성도들 몇 명과 함께 태종대로 전도하러 갔었습니다. 전도지를 나누어주면서 전도를 마치고 차가 있는 곳으로 걸어오는 중이었습니다. 그런데 길에서 장사를 하는 남자 한 분이 우리를 보면서 "예수 사랑하심은 거룩하신 말일세"를 이상한 가락으로 장난삼아서 부르고 있었습니다. 이것은 입술로는 찬송을 하는 것 같으나 마음이 없고 실제 생활 속에서 실천하지 않는 것입니다. 이것은 하나님의 이름을 망령되이 일컫는 것입니다.

성도 여러분, 우리는 하나님의 은혜와 사랑을 바로 깨닫고 진정으로 예배드리고 기도함으로 제 3계명인 "너는 너의 하나님 여호와의 이름을 망령되이 일컫지 말라 나 여호와는 나의 이름을 망령되이 일컫는 자를 죄 없다 하지 아니하리라"(출애굽기 20:7)를 온전히 이루어 하나님의 이름을 높이는 성도가 됩시다.

3. 심판

하나님은 제 3계명을 지키지 않는 자에게 심판하실 것을 말씀하셨습니다. 성경은 말씀합니다. "너는 너의 하나님 여호와의 이름을 망령되이 일컫지 말라 나 여호와는 나의 이름을 망령되이 일컫는 자를 죄 없다 하지 아니하리라"(출애굽기 20:7).

하나님의 이름을 망령되이 일컫는 자에게 "죄 없다 하지 않으신다"는 것은 하나님께서 심판하시겠다는 말씀입니다.

1) 이 세상에서 심판하십니다.

초대 예루살렘 교회가 부흥될 때에 아나니아와 삽비라 부부가 그들의 재산을 팔아서 교회에 바쳤습니다. 그런데 일부는 교회에 바치고 나머지는 자기들이 보관했습니다. 문제는 자기들이 다 하나님께 바쳤다고 거짓말을 한 데에 있었습니다. 절반을 바쳐도 많이 바친 것이며 상을 받을 일입니다. 그런데 한편으로 그들은 전부를 다 바쳤다는 사람들의 칭찬과 명예에 유혹되었고, 다른 한편으로는 다 바치는 것이 아까워서 탐욕을 품은 것입니다. 그래서 사도 앞에 거짓말을 했고, 결국 성령을 속인 죄를 범하게 되었습니다. 이 죄는 하나님의 이름을 망령되이 한 죄입니다. 그들은 거짓말을 하는 순간 베드로 사도 앞에서 죽고 말았습니다. 이것은 하나님의 이름을 망령되이 한 자에 대한 하나님의 심판이었습니다.

옛날 중국의 은 나라에 무을왕이 있었는데 그는 하나님을 조금도 두려워하지 않는 사람이었습니다. 하나님을 훼방하는 것을 '식은 죽 먹기'로 했습니다. 어느 날 사냥을 갔다가 짐승을 한 마리도 잡지 못하게 되자 하늘을 향하여 활을 쏘면서 하나님이나 한 마리 잡아 가지고 가자고 말했습니다. 그때 갑자기 뇌성벽력 소리와 함께 소나기가 쏟아지면서 벼락이 떨어졌고, 왕은 그 벼락에 맞아 죽었습니다.

성경은 말씀합니다. "여호와의 이름을 훼방하면 그를 반드시 죽일지니 온 회중이 돌로 그를 칠 것이라 외국인이든지 본토인이든지 여호와의 이름을 훼방하면 그를 죽일지니라"(레위기 24:16), "네가 만일 이 책에 기록한 이 율법의 모든 말씀을 지켜 행하지 아니하고 네 하나님 여호와라 하는 영화롭고 두려운 이름을 경외하지 아니하면 여호와께서 너의 재앙과 네 자손의 재앙을 극렬하게 하시리니 그 재앙이 크고 오래고 그 질병이 중하고 오랠 것이라"(신명기 28:58-59).

우리는 기억해야 합니다. 하나님은 이 세상에서도 그의 이름을 망령되이 일컫는 자를 심판하십니다.

2) 내세에 영원한 심판이 있습니다.

그곳은 하나님의 이름을 망령되이 일컫다가 추방당한 마귀가 있는 영원한 심판의 자리입니다. 그곳은 바로 지옥입니다. 그곳은 거짓의 아비 마귀가 있고 꺼지지 않는 불이 있는 음부입니다.

3) 이 길을 피할 수 있는 길은 오직 회개하는 길 밖에 없습니다.

베드로는 주님을 모른다고 세 번이나 부인했습니다. 그는 하나님의 이름을 모욕한 사람입니다. 그러나 그가 진심으로 가슴을 치고 통곡하며 회개할 때에 하나님은 그를 용서해 주셨습니다. 주님은 오히려 그를 높이 들어 사용하셨고, 그는 주님의 이름을 높이는 일에 전 생애를 바쳐서 헌신하는 사람이 되었습니다.

4) 십계명의 정신은 주를 사랑하는 것입니다.

십계명의 정신은 하나님을 사랑하는 것입니다. 주 예수님을 사랑하는 것입니다. 제 3계명의 적극적인 교훈은 주의 이름을 높이며 찬양하며 그를 경외하는 것입니다. 우리 주님의 이름은 참으로 존귀한 이름입니다.

시편의 기자는 "여호와여 주의 이름이 온 땅에 어찌 그리 아름다운지요?"라고 고백했습니다. 성경은 말씀합니다. "또 무엇을 하든지 말에나 일에나 다 주 예수의 이름으로 하고 그를 힘입어 하나님 아버지께 감사하라"(골로새서 3:17), "다른 이로서는 구원을 얻을 수 없나니 천하 인간에 구원을 얻을 만한 다른 이름을 우리에게 주신 일이 없음이니라 하였더라"(사도행전 4:12).

성도 여러분, 우리에게 구원을 주신 주님의 이름은 참으로 귀하고 아름다운 이름입니다. 숨질 때 되도록 부를 그 이름은 "오, 주 예수님, 하나님 아버지"입니다. 밤낮 불러서 찬송을 드릴 그 이름은 "나의 진정 사모하는 예수님"입니다.

성도 여러분, 믿음의 사람이요, 누구보다도 하나님의 사랑이 충만했고 주님의 이름을 높이기 위해 자신의 생명을 아끼지 않고 골리앗을 향해 달려나간 그 다윗의 신앙 고백을 우리의 마음에 새깁시다. "다윗이 블레셋 사람에게 이르되 너는 칼과 창과 단창으로 내게 오거니와 나는 만군의 여호와의 이름 곧 네가 모욕하는 이스라엘 군대의 하나님의 이름으로 네게 가노라"(사무엘상 17:45).

사랑하는 성도 여러분!
우리는 결코 주의 이름을 헛되이 부르지 말고, 우리의 입술과 생활과 행동과 봉사로 주의 존귀하신 이름을 높이고 전합시다. 우리의 생명이 다하는 그 날까지 찬양하고 진정으로 감사하는 제 3계명을 지켜나가는 믿음의 성도가 됩시다. 아멘.

제 4 계명

안식일을 기억하라

제 4 계명

안식일을 기억하라(1)
(출애굽기 20:8-11)

오늘날 우리가 살아가는 세상은 너무 바쁩니다. 그리고 피곤합니다. 그래서 "많이 바쁘시지요? 피곤하시지요?" 이런 인사를 많이 합니다. 그래서 많은 사람들은 쉬고 싶어하고 조용한 시간을 필요로 합니다.

이 세상을 창조하시고 사람을 만드신 하나님은 이 모든 형편을 잘 아시고 이 복잡하고 바쁘고 피곤한 세상을 살아가는 우리에게 안식할 수 있도록 계명을 주셨습니다. 그것이 바로 제 4계명입니다.

하나님 아버지는 7일 중 하루는 하나님과 하늘의 세계를 바라보면서 안식할 수 있도록 제 4계명 "안식일을 기억하라"는 복된 말씀을 우리에게 주셨습니다.

기억하라는 말은 זכר (자카르)로, 단순히 기억하다는 차원을 넘어서 '상기시키다', '기억을 되살리다' 는 뜻이 있습니다. 히브리인들의 교육법은 어릴 때부터 말씀을 반복해서 듣고 암송함으로 이를 기억하도록 훈련받는 것입니다.

안식일은 우리를 얽매이게 하기 위해서 만든 금지 명령법이 아닙니다. 우리 인간에게 편히 쉬고 복을 주시기 위해 주신 귀한 축복의 말씀입니다.

우리가 단지 벌을 받지 않기 위해서 안식일에 노동을 하지 않고, 매매(賣買)나 오락을 하지 않는다면 그것은 율법주의에 얽매이는 것입니다. 안식일이 오히려 너무 피곤하다고 생각하는 사람들도 있습니다. 이것은 안식일을 우리에게 주신 이유를 잘 모르기 때문입니다. 안식일을 기억하여 거룩히 지키라는 것은 우리에게 복을 주시기 위한 말씀입니다.

1. 안식일의 중요성을 알아야 합니다.

왜 우리가 안식일을 지켜야 합니까?

1) 그것은 하나님께서 안식하셨기 때문입니다.

성경은 증거합니다. "제 칠 일은 너의 하나님 여호와의 안식일인즉 …"(출애굽기 20:10).

미술가나 조각가가 심혈을 기울여서 훌륭한 작품을 완성한 후에 한 걸음 물러서서 그 작품을 바라보며 쉬는 것처럼, 하나님은 6일 동안 천지를 창조하신 후 제 7일 째 안식하셨습니다. 안식일은 하나님이 우리 인간에게 주신 최초의 선물입니다. 그래서 히브리인들은 절기 때마다 안식일을 지켰습니다. 유월절은 안식일에 시작합니다. 나팔절도 안식일에 시작합니다. 속죄일도 제 1일에 안식했고, 제 10일에 안식했습니다. 어떤 때는 한 주간 전체가 안식이었습니다. 그리고 7년에 한 번씩은 일년 전체를 안식년으로 지켰습니다. 또한 7년의 7년인 제 50년째가 되는 해는 희년으로 안식을 지켰습니다.

①이것을 볼 때에 하나님은 안식을 베풀어주시기를 기뻐하셨다는 것을 알 수 있습니다.

하나님은 사람에게는 심신의 안식이 필요함을 누구보다도 잘 알고 계셨습니다. 그래서 이 안식일을 통해서 피로를 회복하고 새로운 정력을 축적하여 더 많은 일을 할 수 있도록 하셨습니다. 사람은 육신뿐만 아니라 영혼도 안식이 필요합니다. 그러므로 이 안식일을 통해서 육신과 영혼이 함께 쉬게 하셨습니다.

②안식일을 주신 것은 하루만 쉬는 것이 아니라 전체를 드리는 상징적 표현입니다.

우리가 십일조를 드리는 것은 우리의 전체를 하나님께 드린다는 상징적 헌신입니다. 마찬가지로 일 주일 중 하루를 하나님께 성별하여 바치는 것은 우리 전체의 날을 다 주께 드리는 것으로 상징됩니다.

성경은 "우리의 바라던 것뿐 아니라 저희가 먼저 자신을 주께 드리고 또 하나님 뜻을 좇아 우리에게 주었도다"(고린도후서 8:5)라고 말씀합니다. 이 말씀은 헌금을 드린다는 것은 먼저 자신을 드린다는 뜻입니다. 그렇다면 안식일을 지킨다는 것 역시 하루만 드리는 것이 아니라 우리의 마음 전체, 우리의 모든 생애를 하나님께 드린다는 헌신의 뜻이 있음을 알아야 합니다.

우리가 하루를 구별하여 드리지 못하면서 전체를 다 바쳐 헌신한다는 것은 어려운 일입니다.

어떤 사람이 미국의 유명한 전도자 빌리 그래함 목사님께 물었습니다. "안식일에 소가 구덩이에 빠지면 건져내야 할까요? 아니면 그냥 교회에 가야 할까요?" 목사님은 "물론 건져내어야 하겠지요. 그러나 안식일마다 계속 구덩이에 빠지거든 제발 그 소를 팔아치우십시오." 하고 대답했습니다.

우리가 기억해야 할 중요한 것은 이 모든 것이 주님의 날이므로 성별되게 모든 것을 바쳐야된다는 것입니다.

③안식일은 하나님과 교제하는 날입니다.

하나님은 5일 동안 우주를 창조하셨습니다. 그리고 마지막 날에 창조의 걸작품이요 면류관인 사람을 그의 형상대로 창조하셨습니다. 그리고 이 거룩한 사역을 마치고 하루를 쉬셨습니다. 하나님의 형상대로 지음을 받은 사람(아담)은 처음으로 아름다운 안식 가운데서 하나님과 함께 교제하며 에덴동산을 거닐 수 있는 귀한 축복을 받았습니다. 안식일은 나를 창조해 주신 하나님과 만나며 교제하는 날입니다.

인간(아담)은 창조된 후에 먼저 안식을 누리고 일을 시작했습니다. 일을 한 후에 쉬었던 것이 아니라 안식일을 가진 후에 일을 시작했습니다. 이 안식은 하나님이 인류에게 주신 최초의 선물입니다. 그러므로 안식은 우리에게 축복의 날이 됩니다.

성도 여러분, 안식일은 우리를 창조하시고 우리에게 안식의 축복을 주신 하나님과 교제하는 날임을 기억하고, 그 분을 만나며 안식할 수 있음에 감사해야 합니다.

2) 우리는 안식의 대상입니다.

누가 안식일을 지켜야 합니까? 성경은 말씀합니다. "제 칠 일은 너의 하나님 여호와의 안식일인즉 너나 네 아들이나 네 딸이나 네 남종이나 네 여종이나 네 육축이나 네 문 안에 유하는 객이라도 아무 일도 하지 말라"(출애굽기 20:10).

하나님은 주인, 아들, 딸, 남종, 여종, 손님, 짐승까지 안식의 축복을 얻게 하셨습니다. 광산촌에서 일하는 노새들은 일 주일에 한 번씩 쉬게 한다고 합니다. 그 이유는 쉬지 않으면 노새가 눈이 멀어지기 때문이라고 합니다.

우리도 안식일에 쉬지 않으면 영의 눈이 어두워집니다. 우리의 자녀들도 안식일에 쉬지 않으면 영의 눈이 어두워집니다. 우리 모두에게 안식일에 쉴 수 있는 축복을 주신 것은 너무도 감사한 일입니다.

성도 여러분, 안식일은 하나님께서 우리를 쉬게 하시고 하나님의 축복을 누리게 하신 날입니다. 만약 우리에게 안식일이 없다면 얼마나 비참하겠습니까? 그런데 하나님이 우리에게 7일 중 하루를 쉬게 하심으로 육신과 영혼의 안식을 통하여 새 힘을 얻어 축복을 받게 하셨습니다. 우리는 이 안식일을 축복하시고 기뻐하셨으며, 우리와 교제하게 하신 하나님의 은혜를 감사하며 안식의 축복을 누리는 성도가 됩시다.

3) 안식일 하루는 완전히 하나님께 대한 직접적인 봉사의 날로 명령하셨습니다.

우리가 세상에서 살아갈 때에 너무 바쁜 나머지 하나님께 온전히 봉사하기 어렵습니다. 그런데 우리는 하나님이 주신 안식일을 통해서 하나님께 예배드리며 온전히 헌신할 수 있으니 이 얼마나 감사한 일입니까? 하나님께 받은 은혜는 많은데 너무 바쁘고 환경이 여의치 않은 탓에 예배도 마음껏 드리지 못하고, 봉사를 하고 싶어도 마음껏 하지 못합니다. 그런데 우리에게 안식일을 주시어 주님께 나아와 예배를 드리며 힘과 은혜를 받고, 또 교회를 위한 봉사도 할 수 있는 기회를 주시니 얼마나 감사합니까? 안식일은 우리가 하루를 온전히 하나님께 헌신할 수 있는 날입니다.

4) 안식일은 우리의 유익을 위해서 지켜야 합니다.

성경은 말씀합니다. "안식일을 기억하여 거룩히 지키라"(출애굽기 20:8).

안식일에 우리의 영혼이 주님을 바라봅니다. 이 날에는 하루 종일 주님을 기억합니다. 따라서 우리의 영혼과 육신이 안식일에 거룩하게 됩니다. 죄를 멀리하고 세속과 분리되고, 우리의 입술에는 찬송이 울려 퍼지고, 우리의 몸은 거룩한 산 제사로 주님 앞에 바쳐집니다. 또한 천국을 생각하게 되고 하나님의 사랑에 감격하게 됩니다. 우리는 안식일에 은혜 받고 하나님과 교제하게 됩니다. 그러므로 안식일을 지키는 것은 우리에게는 큰 유익입니다. 안식일은 우리의 유익을 위해 지켜져야 합니다.

2. 안식일은 어느 날입니까?

안식일의 날짜 문제입니다. 하나님은 우리에게 "엿새 동안은 힘써 네 모든 일을 행할 것이나 제 칠 일은 너의 하나님 여호와의 안식일인즉 너나 네 아들이나 네 딸이나 네 남종이나 네 여종이나 네 육축이나 네 문 안에 유하는 객이라도 아무 일도 하지 말라"(출애굽기 20:9-10)는 제 4계명을 주셨습니다.

1) 왜 7일 만에 안식해야 합니까?

안식일이란 단어는 "יום השבת"(욤 하쇄바트)로 특정한 날을 가리키는 동시에 일정한 기간도 가리킵니다.

고대 역사를 보면 앗시리아, 애굽, 아라비아, 페르샤 등이 다 7일을 한 주간으로 사용했습니다. 그리고 그들도 소득의 10분의 1일을 드렸습니다. 이 모든 것은 창조의 시작부터 명령하시고, 배후에서 섭리하시는 하나님의 뜻대로 되어진 것으로 보아야 합니다.

왜 7일 중 하루를 쉽니까? 여기에 대한 대답은 가장 합리적인 날이기 때문입니다. 즉 6일은 일을 하고, 7일 째 하루를 쉬는 것이 우리의 신체 조건에 가장 합리적이라는 말입니다. 그러므로 사람을 창조하신 하나님이 우리의 신체 조건과 사정을 완벽하게 알고 계시므로 엿새 동안은 힘써 네 모든 일을 행하고 제 칠 일은 쉬라고 하셨습니다.

성경은 말씀합니다. "이는 엿새 동안에 나 여호와가 하늘과 땅과 바다와 그 가운데 모든 것을 만들고 제 칠 일에 쉬었음이라 그러므로 나 여호와가 안식일을 복되게 하여 그 날을 거룩하게 하였느니라"(출애굽기 20:11).

우리가 6일 동안 일하고 7일 째 쉬는 것은 가장 합리적인 하나님의 뜻이 담겨져 있다는 사실을 알아야 합니다.

제 7일 만에 안식하는 것이 가장 합리적이라는 사실을 입증한 두 가지 역사적인 사건이 있습니다. 하나는 프랑스 혁명입니다. 이 프랑스 혁명은 무신론자들에 의해서 일어났습니다. 그들은 혁명에 성공하자 7일 째 되는 안식일을 없애고 제 10일만에 안식일을 지키도록 했습니다. 낙후된 산업을 일으키기 위해서 더 많은 일을 해야한다는 것이 그 이유였습니다. 그런데 그 결과가 어떻게 나타났습니까? 오히려 40% 정도의 생산량을 손해보고 말았습니다.

또 다른 사건은 레닌 공산주의자들의 혁명입니다. 그들은 안식일을 없애려고 시도했습니다. 그래서 8일 만에 쉬게 했습니다. 그 결과 30%의 생산이 감소되었습니다. 그러자 그들은 이제 5일 만에 쉬게 했습니다. 이 시도 역시 하나님께서 제정하신 제 7일에 쉬는 제도에 도전한 것이었습니다. 그 결과 역시 생산량이 줄어들었습니다. 결국 그들은 7일 만에 안식일을 가지도록 하지 않을 수가 없었습니다.

영국의 왕립 아카데미(Royal Academy)에서 사람이 며칠만에 쉬는 것이 좋은가에 대해서 연구했습니다. 그런데 성경이 말씀한 대로 제 7일 만에 안식하는 것이 가장 좋다는 결론이 나왔습니다.

성도 여러분, 하나님은 제 4계명에 우리를 위하여 6일 동안 힘써 일하고 제 7일에 쉬게 하신 것은 가장 합리적인 것임을 알고 감사해야 합니다.

2) 이제 우리는 주일과 안식일의 문제가 더 중요합니다.

구약에는 안식일이 토요일이었으나 신약에서는 왜 일요일을 안식일, 즉 주일로 하는가 하는 문제입니다. 안식교에서는 토요일을 안식일로 지키고 있습니다. 또 어떤 사람들은 토요일인 안식일이 주일로 날짜만 바뀌어진 것이라고 합니다. 그러나 오늘날 우리가 일요일을 안식일로 지키는 것은 여러 가지 근거가 있습니다.

①예수 그리스도께서 부활하신 날이 7일 중 첫째날인 일요일입니다.

왜 이 날을 안식일로 지킵니까? 구약 시대의 가장 큰 사건은 하나님이 천지를 창조하신 사역입니다. 하나님은 이 사역을 마치신 후에 안식하셨습니다. 이 날이 7일 째입니다.

그런데 신약에서의 가장 위대한 사건은 바로 예수 그리스도께서 십자가에 달려죽으시고 사흘만에 무덤에서 다시 살아나신 부활입니다. 이 날이 7일 중 첫째날인 일요일입니다.

토요일은 천지를 창조하신 후 쉬신 자연의 안식일입니다. 반면 일요일, 즉 주일은 예수님이 우리의 죄를 사하시고 구원을 완성하신 은총의 안식입니다. 토요일은 예수님이 배척을 당하시고 십자가에 달려 죽으시고 무덤에 갇히신 날입니다. 그러나 일요일은 주님이 무덤에서 죽음의 권세를 깨뜨리시고 부활하심으로 승리하시고 존귀를 얻으신 날입니다.

토요일은 창조주의 날이요, 일요일은 구속주의 날입니다.

인류 역사상 가장 위대한 사건이 무엇입니까? 그것은 예수 그리스도께서 우리 죄인을 위하여 십자가에 달리신 대속죄 사역을 완성하시고 부활하신 날입니다. 주 예수 그리스도의 부활은 제2의 창조사역과 마찬가지입니다.

만약 주 예수 그리스도께서 십자가에 달려 죽으시고 다시 살아나지 아니하셨다면 우리는 어떻게 되었겠습니까? 우리의 구원은 가능할 수 있습니까? 우리는 우리의 죄로 인하여 이미 죽은 자들입니다. 허물과 죄로 죽었던 자들입니다. 우리 스스로의 힘으로는 구원받을 수 없습니다. 오직 예수 그리스도로 말미암아 죄 사함을 받고 하나님의 자녀가 되었고 영생을 소유하게 되었습니다.

성경은 말씀합니다. "우리가 아직 죄인 되었을 때에 그리스도께서 우리를 위하여 죽으심으로 하나님께서 우리에게 대한 자기의 사랑을 확증하셨느니라"(로마서 5:8), "하나님이 세상을 이처럼 사랑하사 독생자를 주셨으니 이는 저를 믿는 자마다 멸망치 않고 영생을 얻게 하려 하심이니라"(요한복음 3:16), "예수께서 가라사대 내가 곧 길이요 진리요 생명이니 나로 말미암지 않고는 아버지께로 올 자가 없느니라"(요한복음 14:6), "내가 진실로 진실로 너희에게 이르노니 내 말을 듣고 또 나 보내신 이를 믿는 자는 영생을 얻었고 심판에 이르지 아니하나니 사망에서 생명으로 옮겼느니라"(요한복음 5:24), "그런즉 누구든지 그리스도 안에 있으면 새로운 피조물이라 이전 것은 지나갔으니 보라 새 것이 되었도다"(고린도후서 5:17).

그렇습니다. 우리는 주 예수 그리스도의 십자가와 부활을 통하여 새 생명을 얻었고 영생을 얻은 새로운 피조물이 되었습니다. 아담과 하와가 지은 죄로 인하여 영원한 형벌을 받았던 죄인들이 주 예수 그리스도를 통하여 새로운 창조가 이루어진 것입니다. 주 예수 그리스도의 부활은 제 2의 창조사역이 됩니다. 따라서 주 예수 그리스도께서 부활하신 날인 일요일이 당연히 안식일이 되어야 합니다.

②주일은 주님의 날입니다.
부활하신 예수님이 제자들에게 나타나신 날은 다 주일입니다.

③오순절에 성령 충만의 역사가 일어난 날이 바로 주일입니다.
사도행전 2장에 예수님의 어머니 마리아를 비롯해서 120명의 성도들이 함께 모여서 예수님께서 약속하신 보혜사 성령을 기다리며 기도했습니다. 그때 하나님의 역사가 일어났습니다.

성경은 증거합니다. "오순절 날이 이미 이르매 저희가 다 같이 한 곳에 모였더니 홀연히 하늘로부터 급하고 강한 바람 같은 소리가 있어 저희 앉은 온 집에 가득하며 불의 혀같이 갈라지는 것이 저희에게 보여 각 사람 위에 임하여 있더니 저희가 다 성령의 충만함을 받고 성령이 말하게 하심을 따라 다른 방언으로 말하기를 시작하니라"(사도행전 2:1-4).

이 날이 바로 주일 아침입니다. 이 날은 신약의 교회가 처음으로 시작된 날입니다. 그러므로 안식일을 주일로 지키게 된 것입니다.

④신약시대의 성도들이 모여서 예배드린 날이 주일입니다.
7일 중 첫째 날에 초대 교회의 성도들이 모여서 예배를 드렸습니다. 사도 바울은 고린도교회 성도들이 주일에 예배드렸음을 기록하고 있습니다. "매주일 첫날에 너희 각 사람이 이를 얻은 대로 저축하여 두어서 내가 갈 때에 연보를 하지 않게 하라"(고린도전서 16:2).

사도 요한이 세상 마지막에 일어날 위대한 계시를 받은 날이 바로 주일입니다. 성경은 증거합니다. "주의 날에 내가 성령에 감동하여 내 뒤에서 나는 나팔 소리 같은 큰 음성을 들으니"(요한계시록 1:10).

초대 교회의 지도자들은 주님의 제자들이었습니다. 주님의 십자가와 부활을 직접 목도하고 가장 가까이에서 주님의 가르침을 받고 섬겼던 주의 제자들이 자연스럽게 주일을 안식일로 정하여 지켰습니다.

그 후 모든 주의 종들과 성도들은 지금까지 주일을 안식일로 전통적으로 지켜오고 있습니다.

⑤안식일의 주인은 주 예수 그리스도이십니다.

이제 누구든지 '왜 토요일을 안식일로 지키지 않는가?' 하고 질문할 필요가 없습니다. 왜냐하면 안식일은 주님의 날이기 때문입니다.

안식일은 누구의 날입니까? 주 예수 그리스도의 날입니다. 안식일의 주인은 누구입니까? 예수 그리스도이십니다. 예수님은 말씀하셨습니다. "인자는 안식일의 주인이니라 하시니라"(마태복음 12:8).

예수님이 안식일의 주인이 되신다는 말은 무엇입니까? 예수님은 우리의 모든 죄를 다 용서하시고 우리에게 진정한 안식을 주셨습니다. 우리가 당해야 할 모든 죄의 값을 자신의 몸으로 다 감당하셨습니다. 성경은 말씀합니다. "우리는 다 양 같아서 그릇 행하며 각기 제 길로 갔거늘 여호와께서는 우리 무리의 죄악을 그에게 담당시키셨도다"(이사야 53:6).

그러므로 누구든지 예수 그리스도 안에 있으면 참된 안식을 누릴 수 있습니다. 우리에게 영원한 안식을 주시는 분은 예수 그리스도이십니다. 주님은 말씀하셨습니다. "수고하고 무거운 짐 진 자들아 다 내게로 오라 내가 너희를 쉬게 하리라 나는 마음이 온유하고 겸손하니 나의 멍에를 메고 내게 배우라 그러면 너희 마음이 쉼을 얻으리니 이는 내 멍에는 쉽고 내 짐은 가벼움이라 하시니라"(마태복음 11:28-30).

이제 우리의 안식일은 주 예수님이 부활하신 날이 되었습니다. 그러므로 우리는 일요일이라 부르지 않고 '주일', 즉 '주님의 날'이라고 부릅니다. 안식일의 주인은 주님이시기 때문입니다.

성도 여러분, 이 세상에 참된 안식의 자리는 어디입니까? 그것은 예수님의 품입니다. 이 세상의 참된 안식의 처소는 어디입니까? 예수님의 무릎입니다.

주일에는 수많은 영혼들이 주님 앞에 나와서 죄 용서함을 받고 구원받습니다. 주의 날에 주님의 전에 나와 연약한 영혼들이 새 힘을 얻고 소생함을 얻습니다. 세상에서 시달리고 피곤해진 영혼들이 주의 날에 주님 앞에 나와 용기를 얻습니다. 주저앉았던 영혼들이 주의 날에 주의 말씀을 듣고 다시 일어납니다. 인생을 마감하고 자살하려고 마음먹었던 영혼들이 주일에 주님 앞에 나와서 회개하고 새로운 삶을 살게 되는 역사가 일어나고 있습니다. 가정이 파탄 직전에 있던 영혼들이 주일에 예수님 앞에 나와서 다시 회복되어 연합하는 역사가 일어나고 있습니다. 원수처럼 여기던 사람들이 주일에 주님 안에서 화목 하는 역사가 일어나고 있습니다.

안식일의 주인은 예수 그리스도이십니다. 주일에는 대도시에서부터 시골에 이르기까지 안식의 주인이 되시는 주님을 만나고 주님께 경배 드리려고, 정성을 다하여 교회로 달려오는 무리들이 얼마나 아름답습니까? 주일 예배를 드리려고 수 백 리 길을 달려서 안식의 주인 되신 주님 앞에 머리 숙여 기도하는 성도들의 모습을 저는 잊지 못합니다. 저는 안식일에 힘차게 찬송하며 감격해 하는 성도들의 모습이 얼마나 아름답고 거룩한지를 압니다. 저는 주일에 주님 앞에 머리 숙여 예배드릴 때에 안식일의 주인 되시는 주님이 주시는 그 평안함과 안식이 우리를 감동시키고, 감사와 감격의 눈물을 흘리게 하신 일들을 회상해 봅니다.

성도 여러분, 만약 우리에게 안식일이 없다면 우리는 어디에서 안식을 얻을 수 있겠습니까? 안식은 육체만 쉬는 것이 아닙니다. 참된 안식은 우리의 영혼과 육체가 함께 쉼을 얻는 것입니다. 새로운 힘을 재충전하는 것입니다. 그것은 안식일의 주인 되시는 주님만이 주십니다.

이 세상 사람들은 그저 먹고 마시고 즐기고 잠자는 육체적인 안식만을 추구합니다. 거기에는 진정한 안식의 기쁨이 없습니다. 진정한 안식은 우리를 위하여 자신의 생명까지 주시고 죽음을 이기시고 부활하신 주 예수님 안에 있습니다.

안식일의 주인 되시는 주 예수님은 우리에게 필요한 것이 무엇인지를 정확하게 아십니다. 우리의 피곤함을 다 아실 뿐만 아니라 그 처방전도 가지고 계십니다. 그러므로 우리는 안식의 주인 되시는 예수님 앞으로 나아가 모든 것을 그 분께 맡기면 됩니다. 우리의 영원한 안식은 예수님의 품입니다.

성도 여러분, 하나님은 천지를 창조하시고 안식하셨습니다. 안식일은 하루만 드리는 것이 아니라 우리의 날 전체를 드리는 것입니다. 안식일은 하나님과 교제하는 축복의 날입니다. 안식일 하루를 완전히 하나님께 드리는 하나님께 대한 직접적인 봉사의 날입니다. 안식일은 주님을 가장 가까이 하는 날입니다. 하나님께 우리의 몸과 시간과 음성을 드리고, 우리의 헌물과 마음과 모든 것을 드려 전적으로 헌신하는 날입니다.

성도 여러분, 안식일의 주인은 주 예수 그리스도이십니다. 그러므로 참된 안식은 예수 그리스도 안에 있습니다.

1. 예수 앞에 나오면 모든 죄 사하고
   주의 품에 안기어 편히 쉬리라
2. 예수 앞에 나와서 은총을 받으며
   맘에 기쁨 넘치어 감사하리라
3. 예수 앞에 설 때에 흰 옷을 입으며
   밝고 빛난 내 집에 길이 살리라
〈후렴〉
   우리 주만 믿으면 모두 구원 얻으며
   영생 복락 면류관 확실히 받겠네

사랑하는 성도 여러분!

오직 예수님 안에 참된 안식이 있습니다. 우리는 이 땅에서도 영원한 안식을 누릴 수 있습니다. 안식일의 주인이 되신 예수님 안에 참된 안식과 평화, 그리고 축복이 있습니다. 아멘.

제 4 계명
안식일을 기억하라(2)
(출애굽기 20:8-11)

세익스피어의 소설 멕베드(Mecbeth)에는 왕을 살해한 멕베드의 독백이 나옵니다. "이제 나는 잠을 자지 못한다. 멕베드여, 너는 잠을 죽였다. 아! 천진난만한 잠이여, 고민이 엉킨 실타래를 풀어주던 잠, 피곤을 풀어주던 잠이여!"

오늘날 안식을 잃어버린 영혼들이 얼마나 많습니까? 우리 수위에는 참된 안식을 상실하고 안식을 찾아 방황하는 영혼들이 너무도 많습니다. 참된 안식은 안식일의 주인 되신 주 예수 그리스도 안에 있습니다. 그리고 우리에게 참된 안식의 축복을 주신 주님의 제 4계명을 지키는 데 있습니다.

주님은 말씀하셨습니다. "안식일을 기억하여 거룩히 지키라"(출애굽기 20:8).

안식일은 우리를 얽매이게 하기 위한 금지 명령법이 아닙니다. 우리 인간에게 편히 쉬고 복을 주시기 위해 주신 귀한 축복의 말씀입니다. 안식일은 하나님이 우리 인간에게 주신 최초의 선물입니다. 안식일을 기억하여 거룩히 지키라는 것은 우리에게 복을 주시기 위한 말씀입니다.

1. 안식일의 중요성을 알아야 합니다.

1) 그것은 하나님이 안식하셨기 때문입니다.

①하나님은 안식을 베풀어주시기를 기뻐하셨습니다.
안식일을 통해서 피로를 회복하고 새로운 정력을 축적하여 더 많은 일을 할 수 있도록 하셨습니다. 사람은 육신뿐만 아니라 영혼의 안식도 필요합니다.

②안식일을 주신 것은 하루만 쉬는 것이 아니라 일 주일 전체를 드리는 상징적 표현입니다.

③안식일은 하나님과 교제하는 날입니다.
안식일은 나를 창조해 주신 하나님과 만나며 교제하는 날입니다.

2) 우리가 안식의 대상입니다. 누가 안식일을 지켜야 합니까?

하나님은 주인, 아들, 딸, 남종, 여종, 손님, 짐승까지 안식의 축복을 얻게 하셨습니다.

3) 안식일 하루는 완전히 하나님께 대한 직접적인 봉사의 날로 명령하셨습니다.

4) 안식일은 우리의 유익을 위해서 지켜야 합니다.

안식일에 우리의 영혼이 주님을 바라봅니다. 안식일에 하루 종일 주님을 기억하게 됩니다. 따라서 우리의 영혼과 육신이 안식일에 거룩하게 됩니다. 우리는 안식일에 은혜를 받고 하나님과 교제하게 됩니다. 그러므로 안식일을 지키는 것은 우리에게 유익이 됩니다.

2. 안식일은 언제입니까?

안식일의 날짜 문제입니다. 하나님은 우리에게 "엿새 동안은 힘써 네 모든 일을 행할 것이나 제 칠 일은 너의 하나님 여호와의 안식일인즉 너나 네 아들이나 네 딸이나 네 남종이나 네 여종이나 네 육축이나 네 문안에 유하는 객이라도 아무 일도 하지 말라"(출애굽기 20:9)는 제 4계명을 주셨습니다.

1) 왜 7일 만에 안식합니까?

6일 동안은 일을 하고 7일 째 하루를 쉬는 것이 우리의 신체 조건에 가장 합리적이기 때문입니다. 사람을 창조하신 하나님은 우리의 신체 조건과 사정을 완벽하게 알고 계시므로 엿새 동안은 힘써 네 모든 일을 행하고 제 칠 일은 쉬라고 하셨습니다.

2) 왜 일요일을 안식일, 즉 주일로 하는가 하는 문제입니다.

①예수 그리스도께서 부활하신 날이 7일 중 첫째날인 일요일입니다.

인류 역사상 가장 위대한 사건이 무엇입니까? 그것은 예수 그리스도께서 우리 죄인을 위하여 십자가에 달리심으로 대속죄 사역을 완성하시고 부활하신 날입니다. 주 예수 그리스도의 부활은 제 2의 창조사역과 마찬가지입니다.

②주일은 주님의 날입니다.

③오순절 성령 충만의 역사가 일어나 교회가 시작된 날이 바로 주일입니다.

④신약시대의 성도들이 모여서 예배드린 날이 주일입니다.

⑤안식일의 주인은 주 예수 그리스도이십니다.

예수님은 말씀하셨습니다. "인자는 안식일의 주인이니라 하시니라"(마태복음 12:8). 그러므로 누구든지 예수 그리스도 안에 있으면 참된 안식을 누릴 수 있습니다. 우리에게 영원한 안식을 주시는 분은 예수 그리스도이십니다. 이제 우리의 안식일은 주 예수님의 부활의 날이 되었습니다. 그러므로 우리는 일요일이라 부르지 않고 '주일', 즉 '주님의 날'이라고 부릅니다. 안식일의 주인은 주님이시기 때문입니다.

안식은 육체만 쉬는 것이 아닙니다. 참된 안식은 우리의 영혼과 육체가 함께 쉼을 얻는 것입니다. 새로운 힘을 재충전하는 것입니다. 그것은 안식일의 주인이 되시는 주님만이 주십니다.

오직 예수님 안에 참된 안식이 있습니다. 우리는 이 땅에서도 영원한 안식을 누릴 수 있습니다. 안식일의 주인 되신 예수님 안에 참된 안식과 평화, 그리고 축복이 있습니다.

3. 그러면 우리가 어떻게 안식일을 지켜야 합니까?

거룩하게 지켜야 합니다. 성경은 말씀합니다. "안식일을 기억하여 거룩히 지키라"(출애굽기 20:8).

소요리 문답 제60문에는 "어떻게 안식일을 거룩하게 지킬 것인가?"에 대해 이렇게 기록하고 있습니다. "그 날 종일을 거룩하게 쉼으로 할 것이니라. 다른 날에 할 수 있는 여러 가지 세상일과 오락까지 그치고 그 시간을 공적, 또는 사적 예배로 사용하고 그 외에는 부득이한 일과 자선에 관한 일에 사용할 지니라."

1) 소극적으로 세상일을 하지 말아야 합니다.

오늘의 본문 제 4계명은 "엿새 동안은 힘써 네 모든 일을 행할 것이나 제 칠 일은 너의 하나님 여호와의 안식일인즉 너나 네 아들이나 네 딸이나 네 남종이나 네 여종이나 네 육축이나 네 문 안에 유하는 객이라도 아무 일도 하지 말라"(출애굽기 20:9-10)고 말씀합니다.

아무 일도 하지 말라는 것은 안식일에는 모든 것을 하나님께 예배드리는 일에 집중시키라는 뜻이 있습니다.

믿음의 조상 아브라함이 독자 이삭을 바치기 위하여 모리아산에 올라갈 때에 그는 종과 나귀를 산 아래에 두고 올라갔습니다. 마찬가지로 우리가 주일에 하나님께 예배드리기 위하여 세상의 모든 일들을 다 접어두고 하나님 앞에 나와야 합니다. 믿음의 사람 요셉이 애굽을 찾아온 그의 형제들을 만날 때에 애굽인들은 모두 밖으로 보냈습니다. 마찬가지로 우리도 주의 날에는 모든 세상적인 일들은 바깥으로 내어버리고 하나님과 교제하며 만나야 합니다.

느헤미야는 이스라엘 백성들에게 안식일에 대하여 이렇게 가르쳤습니다. "그 때에 내가 본즉 유다에게 어떤 사람이 안식일에 술 틀을 밟고 곡식단을 나귀에 실어 운반하며 포도주와 포도와 무화과와 여러 가지 짐을 지고 안식일에 예루살렘에 들어와서 식물을 팔기로 그 날에 내가 경계하였고 또 두로 사람이 예루살렘에 거하며 물고기와 각양 물건을 가져다가 안식일에 유다 자손에게 예루살렘에서도 팔기로 내가 유다 모든 귀인을 꾸짖어 이르기를 너희가 어찌 이 악을 행하여 안식일을 범하느냐"(느헤미야 13:15-17).

주님은 광야 생활을 하는 이스라엘 백성들에게 매일 같이 만나를 내려주셨으나 안식일에는 내려주지 않고 미리 그 전 날에 갑절을 주셨습니다. 그리고 말씀하시기를 "육 일 동안은 너희가 그것을 거두되 제 칠 일은 안식일인즉 그 날에는 없으리라"(출애 굽기 16:26)고 하셨습니다.

하나님 앞에 예배드리는 것은 가장 신성한 일이요 우선적인 일입니다.

막달라 마리아와 야고보 어머니 마리아가 무덤에 묻히신 예수 그리스도의 시신에 발라 드리려고 향유를 준비하였으나 그들은 안식일이 지나기까지 무덤에 가지 않았습니다. 성경은 말씀합니다. "돌아가 향품과 향유를 예비하더라 계명을 좇아 안식일에 쉬더라"(누가복음 23:56).

또한 안식일에 나무하러 갔던 사람이 돌에 맞아죽었습니다. "여호와께서 모세에게 이르시되 그 사람을 반드시 죽일지니 온 회중이 진 밖에서 돌로 그를 칠지니라"(민수기 15:35). 나무를 조금 모아서 불을 사르는 것은 별로 중요한 것처럼 보이지 않습니다. 그러나 하나님은 이 조그만 일로 안식일을 더럽히는 것을 기뻐하지 않으셨습니다.

더구나 성소를 건축하기 위하여 봉사하며 돌을 깎고 나무를 조각하던 브사렐도 안식일에는 쉬어야 했습니다. "내가 유다 지파 훌의 손자요 우리의 아들인 브사렐을 지명하여 부르고"(출애굽기 31:2), "엿새 동안은 일할 것이나 제 칠 일은 큰 안식일이니 여호와께 거룩한 것이라 무릇 안식일에 일하는 자를 반드시 죽일지니라"(출애굽기 31:15).

이사야 58:13은 더 구체적으로 말씀하십니다. "만일 안식일에 네 발을 금하여 내 성일에 오락을 행치 아니하고 안식일을 일컬어 즐거운 날이라, 여호와의 성일을 존귀한 날이라 하여 이를 존귀히 여기고 네 길로 행치 아니하며 네 오락을 구치 아니하며 사사로운 말을 하지 아니하면 네가 여호와의 안에서 즐거움을 얻을 것이라 내가 너를 땅의 높은 곳에 올리고 네 조상 야곱의 업으로 기르리라 여호와의 입의 말이니라"(이사야 58:13-14).

①네 길로 행치 아니하며…
이것은 세상일을 함으로 이 날을 더럽히지 말라는 뜻입니다. 또 안식일에 멀리 가는 것, 즉 긴 여행을 금한다는 뜻입니다. 영적으로 세상일에 대한 관심, 즉 발을 금하라는 것입니다.

②네 오락을 구치 아니하며…
주일에 운동이나 오락 등 세상적인 일을 즐기지 말아야 합니다. 안식일에 거룩하지 않는 일을 위하여 쓸데 없이 돌아다니며 방문하고, 소일하거나 육체적인 것을 위하여 즐기지 말라는 말입니다.

③사사로운 말을 하지 아니하면…
이것은 안식일에 이질적이거나 적당하지 않은 말을 하지 말라는 것입니다. 안식일에 헛되고 무례한 말이나 지나친 농담이나 세상적인 일에 대한 열띤 토론을 하지 말라는 것입니다.

한 마디로 주님은 안식일에 세상일을 함으로 손을 더럽히는 자를 책망하십니다.

하나님의 명령은 '안식일은 거룩히 지키라, 세상의 일을 쉬고 주님을 경배하며 안식하라' 는 것입니다. 그러나 어쩔 수 없이 직장에 얽매이고, 다른 사람의 수하에서 일하는 사람들은 안식일을 지키는 문제에 대하여 고민이 될 것입니다. 그런 분들은 안식을 거룩하게 지키며 온전히 지킬 수 있도록 기도해야 합니다. 하나님은 그 기도를 들으시고 그 소원에 응답하시며 선하게 역사하실 것입니다.

2) 이제 어떻게 적극적으로 안식일을 지켜야 합니까?

이 날은 주의 날이므로 하나님께 예배드리고 선한 일에 힘써야 합니다. 거룩하게 지켜야 합니다.

①먼저 주님을 기억해야 합니다.
예수님은 안식일의 주인이십니다. 그러므로 안식일에 예수님을 기억하고 그 분께 모든 것을 집중시켜야 합니다. 사람마다 주일에 대한 견해가 다릅니다. 그러나 분명한 것은 이 날은 주님의 날이라는 것입니다. 그러므로 주의 날에는 주님을 기억하고 주를 위해서 봉사해야 합니다. 그래서 주의 제자들은 주일에 함께 모여서,

㉠주님을 기억하여 성만찬을 가졌습니다.
"너희가 모든 일에 나를 기억하고 또 내가 너희에게 전하여

준 대로 그 유전을 너희가 지키므로 너희를 칭찬하노라"(고린도 전서, 11:2).

  ⓛ주님과 교제했습니다.
  ⓒ성도와 교제했습니다.
  "형제가 연합하여 동거함이 어찌 그리 선하고 아름다운고"(시편 133:1).
  ⓔ승리와 소망을 주신 주님께 감사드렸습니다.
  "말할 수 없는 그의 은사를 인하여 하나님께 감사하노라"(고린도후서 9:15).
  ⓜ감사헌금을 드렸습니다.
  "매주일 첫날에 너희 각 사람이 이를 얻은 대로 저축하여 두어서 내가 갈 .때에 연보를 하지 않게 하라"(고린도전서 16:2)
  ⓗ사도 요한이 밧모섬에서 주를 기억하고 기도하면서 하나님의 말씀을 받아 요한계시록을 기록했습니다.

  성도 여러분, 주일은 마귀에게 사용되어 죄 짓는 날이 아니라, 주님을 생각하고 주를 위해 내 심령을 바치고 봉사하는 날임을 기억하시기를 바랍니다.

  ②거룩하게 지켜야 합니다.
  ㉠종교적인 의무를 다해야 합니다. 주님 앞에 예배드리는 일에 최선을 다해야 합니다.
  a. 그러기 위해서 안식일을 위한 준비가 있어야 합니다.
  -토요일부터 안식일을 위해 세상으로부터의 퇴각의 나

팔을 불어야 합니다. 그리고 다가오는 위대한 날을 예비해야 합니다.
· 주일은 아침 일찍 일어나야 합니다. 주일을 성스럽게 지키기 위해서 새벽에 일어나 기도함으로 준비해야 합니다. 거룩한 여인들은 해 뜨기 전에 일어나 주님의 무덤을 찾았습니다.
· 말씀을 듣기 위한 영혼을 장식해야 합니다.
-말씀을 읽어야 합니다.
-말씀을 묵상해야 합니다.
· 하나님의 창조사역, 하나님의 거룩하심, 구속해 주신 그리스도의 사랑, 하늘의 영광을 묵상해야 합니다.
-기도로 축복의 말씀을 달라고 영혼을 꾸며야 합니다.
· 말씀을 듣는 데 전념해야 합니다. 왜 설교 시간에 집중이 되지 않고 졸음이 옵니까? 그것은 마음이 분요하기 때문입니다. 자신의 문제로 헛된 일을 생각하기 때문입니다. 이것은 마귀의 장난입니다. 이린 자세는 생명의 떡 위에 누워 잠자는 행위입니다. 거룩한 하나님의 말씀의 상 위에서 누워 잠자는 것과 같습니다.

· 하나님의 말씀을 주의 깊게 들으려면 어떻게 해야 합니까?
· 기도하며 준비해야 합니다.
· 하나님의 말씀임을 기억해야 합니다.
· 호기심을 버려야 합니다.
· 편견을 버려야 합니다.

- 탐욕을 버려야 합니다.
- 치우침을 버려야 합니다.
- 비판을 버려야 합니다.
- 불순종을 버려야 합니다.

ⓒ6일 동안 힘써 일해야 합니다.

본문은 "엿새 동안은 힘써 네 모든 일을 행할 것이나"(출애굽기 20:9)라고 말씀하십니다.

안식일을 진정으로 지킬 수 있는 사람은 6일 동안은 자기에게 주어진 일에 열심을 다하는 사람입니다. 하나님은 엿새동안은 힘써 모든 일을 하라고 하셨습니다. 성경은 말씀합니다. "하나님이 그들에게 복을 주시며 그들에게 이르시되 생육하고 번성하여 땅에 충만하라, 땅을 정복하라, 바다의 고기와 공중의 새와 땅에 움직이는 모든 생물을 다스리라 하시니라"(창세기 1:28).

우리는 엿새 동안에 우리에게 주어진 일을 열심히 해야 합니다. 사업장에서, 직장에서, 가정에서, 공부 등 맡은 일에 최선을 다해야 합니다.

a. 게으르지 말고 열심히 해야 합니다.

맡겨주신 일에 게을러서 열심히 하지 않으면 그것은 제 4계명을 어기는 것이요, 안식일을 온전히 지키지 못하는 것이 됩니다. 그러므로 엿새동안은 부지런히 일해야 합니다.

b. 철저히 해야 합니다.

성실하게 일하고 믿을 수 있게 일하라는 것입니다. 수출한 물품들이 불량품이 되어 계약이 취소되는 일이 있다면 부끄러운 일입니다. 노르웨이에 900년이 넘은 예배당이 있는데 지금도 목수가 계속 일을 하고 있다고 합니다. 일을 얼마나 철저하게 합니까? 하나님의 백성은 대충 건성으로 일하는 것이 아니라 철저하게 해야 합니다.

c. 엿새동안 힘써 네 모든 일을 하라는 것은 기독교의 참된 노동관을 보여줍니다.

우리가 어떤 일을 하든지 하나님 앞에서 내게 주신 사명으로 생각하고 최선을 다해야 합니다. 우리는 교회의 일도 철저하게 해야 합니다. 사회의 일도 철저하게 해야 합니다. 공부도 열심히 하고 사업이나 직장 생활이나 가정 생활도 철저하게 해야 합니다. 동시에 주일도 철저하게 지켜야 합니다.

오늘날은 학생들이 주일을 지키는 문제가 어렵습니다. 가정마다 부모들은 자녀들의 성적 문제로 걱정이 대단합니다. 그러나 분명한 것은 학생들이 하는 공부도 주일을 지키는 것에서 예외가 될 수 없습니다. 공부하는 학생도 주일을 거룩하게 지켜야 합니다.

서울 경복고등학교에 다니는 믿음이 좋은 이영표라는 학생이 있었습니다. 이 학생은 예수님을 영접한 후에 주일에는 공부하지 않겠다고 결심을 했습니다. 그런데 문제는 매일 아침마다 학교에서 시험을 치렀습니다. 부모들이 이 사실을 알고 걱정이 되어 매일 핍박했습니다. 그런데 이 학생은 부모님에게 이렇게 말씀드렸습니다. "어머님 아버님, 제가 주일에 교회에 나가서 봉사하는 일로 인하여 만약 성적이 떨어진다면 제가 교회 출석을 그만두겠습니다. 두 달만 지켜 봐 주십시오." 이 학생은 평소의 성적이 중간 정도에서 웃돌았는데 두 달 후에 10등 이내로 껑충 뛰었습니다. 그런데 3학년이 되자 문제가 되었습니다. 다른 학생들은 주일에 공부를 하는데 혼자 하지 않으므로 주일에 공부를 하지 않는 문제로 인하여 시험에 들게 되었습니다. 그래서 집에 가면 계속 공부를 하고 싶은 생각이 들기 때문에 주일에는 하루 종일 교회에서 지냈습니다. 쉴 때에도 교회에서 쉬었습니다. 토요일에는 숙제가 너무 많아 너무 힘들었습니다. 주일에 공부하는 일을 쉬고 월요일에 시험을 치르면 15등, 화요일에 치르면 10등으로 올라갔습니다. 수, 목, 금, 토요일은 성적이 계속 올랐습니다. 그런데 졸업할 때에 전교에서 수석을 차지했습니다. 그리고 서울 의대에 합격을 해서 학업을 마쳤는데 그는 "공부는 많은 시간을 책상 앞에 앉아있는 것이 아니라 얼마나 집중하느냐가 문제이다. 나는 하루를 주님과 영광스럽게 지내기 위하여 일주일간 집중해서 공부했다. 마음이 산만해질 때 '하나님, 제가 주일에 주님 앞에 나아가 주님과 깊은 교제를 나누고 싶은데 내 마음이 산만해서 잘 안됩니다. 하나님, 지혜를 주신다고 약속하시지 않았습니까?' 하고 기도한 후에 책을 보게 되면 그렇게 집중이 잘 될 수가 없었다."고 고백했습니다.

성도 여러분, 우리는 엿새 동안에 철저히 일합시다. 그리고 주일은 철저히 지키고, 공부나 가정 일도 철저히 하고, 내가 맡은 모든 일에 최선을 다하는 성도가 됩시다.

우리는 결단코 어떤 일을 시켜놓아도 마음이 놓이지 않는 게으르거나 불성실한 사람이 되어서는 안됩니다. 힘써 일하지 않고 게으른 것 역시 죄입니다. 게으르고 일하지 않는 것은 일하라는 제 4계명을 어긴 것입니다.

일본의 내촌감삼은 일본에서 존경받는 사람입니다. 그가 북해도 농대 시절에 학급에서 기독교를 믿는 친구들이 있었는데 이들은 주일에 교회를 잘 섬기면서 열심히 봉사했습니다. 그들은 4년 동안 약 200일 이상을 공부하지 않았습니다. 그런데 졸업할 때에 1등에서 7등까지를 이 기독학생들이 다 차지했습니다.

성도 여러분, 우리는 엿새 동안에 철저히, 그리고 열심히 일해야 합니다. 그리고 주일 또한 철저히 지켜서 최고의 학생, 최고의 가정주부, 최고의 경영자, 최고의 직원, 최선의 봉사자가 되는 축복을 받읍시다.

3) 선한 봉사를 하는 날입니다.

예수님은 안식일에 복음을 전하고 많은 병자를 고쳐주셨습니다. 주일에 이웃의 생명을 구해주고 재산이 위험에 빠졌을 때에 도와주는 일은 해야 합니다. 예수님의 제자들은 주일에 부활하신 주님을 만난 기쁨과 주의 은혜와 사랑이 너무 컸기 때문에 이웃에게 복음을 전하고 불쌍한 사람들을 구제하는 일에 진력을 다했습니다.

주일에는 전도하고 구제하고 병든 자를 돌아보며 사랑을 베푸는 날입니다.

어떤 분은 주일에는 별로 할 일이 없다고 하는 분들이 있는 것 같습니다. 그것은 할 일을 모르기 때문입니다. 주일은 드라이브나 호텔 식사, 영화 관람, 또는 소풍이나 오락 등으로 우리의 마음을 즐겁게 하는 날이 아닙니다.

주일은 하나님의 날이므로 먼저 하나님께 예배드리고 성경을 배우고 복음을 전하며 생명을 구하는 일을 하는 날입니다. 주일은 불쌍한 영혼들을 구제하는 날입니다. 이웃을 위해 선한 일을 하는 날입니다. 가장 큰 선행은 그 영혼을 구원하는 전도입니다. 주일은 위로 받을 자를 찾아서 위로하는 날입니다. 그러므로 우리는 주일을 어떻게 보람 있게 보낼 것인가 계획을 잘 세워서 기쁨으로 섬겨야 합니다. 그리하면 영혼과 육체에 새로운 힘이 솟을 것입니다.

4. 주님은 안식일을 지키는 자에게 축복을 약속하셨습니다.

1) 용서의 축복이 있습니다.

주일은 주 예수 그리스도께서 우리의 죄를 위하여 십자가를 지시고 죽으셨다가 다시 부활하신 날입니다. 예수 그리스도의 부활은 우리의 모든 죄를 용서해 주신다는 표상이 됩니다. 그러므로 우리가 안식일을 지키는 것은 죄를 용서받을 축복을 소유하는 행위가 됩니다. 주의 날에 거룩하신 주님 앞에 나와 엎드려 경배하는 자들에게 주님은 모든 죄를 다 용서해 주십니다. 주님은 주일을 지키는 성도에게 모든 죄를 용서해 주시는 축복을 주십니다. 우리 모두 거룩하신 주의 날에 주님 앞에 나와 모든 죄를 용서받는 축복을 소유하기를 바랍니다.

2) 회복의 축복이 있습니다.

세상에서 피곤하고 지친 우리의 영혼이 주일에 교회에 나와서 하나님의 말씀으로 위로를 얻고 때로는 책망도 받습니다. 그리하면 우리의 영혼이 소생함을 받습니다. 주일에 우리에게 주시는 말씀을 통해 우리의 영혼이 새 힘을 얻고 새 능력으로 재충전됩니다. 이것이 주일의 축복이 아니겠습니까?

프랑스의 무신론자인 볼테르(Voltaire)는 이렇게 말했습니다. "오늘날 땅 위에 교회를 없애는 방법이 하나 있는데 그것은 예수 믿는 사람들로 하여금 주일을 못 지키게끔 하면 교회가 없어지는 것이다."

성도 여러분, 안식일은 우리의 영혼과 육신이 회복하는 축복의 날입니다.

3) 중생하게 하는 축복이 있습니다.

하나님의 은혜에 감사하고 감격하여 복음을 전하고 구제할 때 영혼들이 회개하고 돌아와 중생의 축복을 받습니다. 안식일에 예수님을 믿고 새 생명을 얻는 역사가 일어납니다. 이것이 주일의 축복이 아니겠습니까?

4) 즐거움의 약속이 있습니다.

성경은 약속합니다. "네가 여호와의 안에서 즐거움을 얻을 것이라 내가 너를 땅의 높은 곳에 올리고 네 조상 야곱의 업으로 기르리라 여호와의 입의 말이니라"(이사야 58:14).

안식일은 기쁨의 날입니다. 주일을 지키는 성도에게는 세상 사람들이 알지 못하는 기쁨이 있습니다. 이 기쁨은 아무도 빼앗아 가지 못합니다. 이 안식일의 기쁨은 장차 우리가 천국에서 누릴 큰 기쁨의 모형입니다.

5) 명예를 약속하십니다.

성경은 약속합니다. "내가 너를 땅의 높은 곳에 올리고 네 조상 야곱의 업으로 기르리라 여호와의 입의 말이니라"(이사야 58:14).

주님은 안식일을 지키는 자에게 명성을 얻게 하십니다.

6) 복된 인생을 누립니다.

성경은 말씀합니다. "안식일을 지켜 더럽히지 아니하며 그 손을 금하여 모든 악을 행치 아니하여야 하나니 이같이 행하는 사람, 이같이 굳이 잡는 인생은 복이 있느니라"(이사야 56:2).

동양 사람들은 안식일도 알지 못하고 죽도록 일만 해왔으나 여전히 가난한 민족들입니다. 반면 안식일을 거룩하게 지켜 온 미국 등 서양사람들은 넘치는 축복을 받았습니다. 그리고 안식일을 거룩하게 지킨 유대인들은 물질의 축복을 받아 세계의 경제권을 쥐고 있으며, 장수의 축복을 받아 가장 장수하는 민족으로 알려져 있습니다.

7) 영원한 안식을 약속하십니다.

안식은 천국의 예표입니다. 룻이 보아스의 발 앞에 엎드릴 때에 보아스가 그의 옷자락으로 그녀를 덮고 보호와 사랑을 준 것처럼, 우리도 주일에 주님 앞에 나와서 엎드려 경배하고 주의 품에 거하면 영원한 안식을 주실 것입니다.

주일을 거룩히 지키는 자는 약속에 신실하신 하나님으로부터 천국을 약속 받는 계약에 동참하는 축복을 받습니다.

성도 여러분, 주일은 사사로운 일을 보는 날이 아닙니다. 이 날은 나를 가장 사랑해 주시는 주님과 교제하는 날입니다. 주님께 나의 최고의 마음과 사랑을 고백하고 나의 모든 것을 기쁨으로 바치는 날입니다. 천국의 계약에 동참하고 이미 천국의 기쁨을 향유하는 날입니다.

사랑하는 성도 여러분!
우리의 평생, 아니 우리의 숨이 다하는 그 날까지 거룩한 안식일에 주님 앞에 나와서 연약하고 피곤한 우리 영혼이 주의 말씀과 성령으로 재충전 받아 소생함을 얻고 능력 받아 승리하는 삶을 누립시다. 이것이야말로 이 세상에서 영원한 안식을 향유하도록 우리 성도에게만 주신 주님의 안식의 축복입니다. 아멘.

제5계명

네 부모를 공경하라

제 5 계명

네 부모를 공경하라(1)
(출애굽기 20:12)

　세상에는 자녀가 없는 부모는 있어도 부모가 없는 자녀는 없습니다. 오늘 이 자리에 있는 우리는 모두 부모님을 통하여 이 땅에 태어났습니다.

　부모는 우리가 이 세상에 태어나자마자 제일 먼저 만나게 되는 사람이요 관계를 가지게 되는 분입니다. 부모와 자녀는 불가분의 관계를 가집니다.

　종교개혁자 Martin Luther는 "하나님 다음으로 부모를 공경하라."고 했습니다.

　도덕이 무너지고 험악한 사건들이 너무도 많은 이 시대에 아무리 강조해도 지나치지 않는 것이 바로 부모공경입니다. 우리나라는 비교적 예의가 바르고 도덕심이 뛰어난 민족으로 알려져 왔습니다. 그래서 한 때는 한국은 동방예의지국이라고 까지 했습니다. 그런데 오늘날 과연 우리나라가 도덕심이 가장 뛰어난 나라요, 동방의 예의지국이라고 자랑스럽게 말할 수 있겠습니까?

고등학교 졸업반에서 선생님이 "삼강오륜이 무엇인가?" 하고 학생들에게 물었다고 합니다. 한 학생이 자신 있게 일어나서 대답하기를 "예, 삼강은 대동강, 한강, 낙동강입니다." 하고 대답했습니다. 폭소가 터졌습니다. 그래서 선생님은 "그러면 오륜은 무엇인가?" 하고 물었습니다. 그러자 "예, 오륜은 올림픽 마크입니다." 하고 대답했다고 합니다. 웃음 바다가 되었고 결국 아무도 대답하지 못했다고 합니다.

부모 공경은 가장 귀한 일입니다.

성경은 부모 공경을 강조합니다. 가장 위대한 계명인 십계명 가운데 다섯 번째 계명이 바로 부모 공경입니다. 성경은 말씀합니다. "네 부모를 공경하라 그리하면 너의 하나님 나 여호와가 네게 준 땅에서 네 생명이 길리라"(출애굽기 20:12).

소요리 문답 64문은 "제 5계명의 부모를 공경하라는 것은 무엇을 명하는가?"에 대해 기록하기를 "각 사람에 속한 지위와 인륜관계, 즉 상하와 평등을 따라 높일 자를 높이고 행할 일을 하라는 것이니라"고 했습니다.

우리는 부모를 공경해야 합니다. 하나님은 네 부모를 공경하라고 명령하십니다.

1. 그러면 우리가 공경해야 할 부모가 누구입니까?

1) 부모의 종류

유명한 청교도 설교가 Thomas Watsondas는 이렇게 분류했습니다.

①정치적 부모가 있습니다.
성경은 왕을 양부, 왕비는 유모가 될 것이라고 했습니다. "열왕은 네 양부가 되며 왕비들은 네 유모가 될 것이며 그들이 얼굴을 땅에 대고 네게 절하고 네 발의 티끌을 핥을 것이니 네가 나를 여호와인 줄 알리라 나를 바라는 자는 수치를 당하지 아니하리라"(이사야 49:23).

왕은 선한 칙령과 훈계로 백성을 훈련시키며 평화와 풍부함으로 양육시켜야 합니다. 좋은 지도자는 양부와 같습니다. 왕과 대통령과 지방관리 등은 백성들의 안전과 평화와 질서를 책임집니다. 좋은 지도자를 만나면 백성이 편안하고 축복된 삶을 누리게 됩니다. 말 그대로 태평세월을 지내게 됩니다.

역사적으로 볼 때 이스라엘은 다윗과 같은 성군이 다스릴 당시 국력이 강했고 태평성대를 누렸습니다.

콘스탄틴 대제가 로마를 다스릴 때에는 로마가 세계 제일의 나라로 군림했습니다. 반면 폭군이 등장할 때면 백성들은 고생을 면할 수가 없었습니다.

그러므로 우리는 지도자를 위해 기도해야 합니다. 좋은 지도자를 만나도록 기도해야 하고 좋은 지도자가 되도록 기도해야 합니다. 비록 지도자가 폭군일지라도 그를 위하여 기도해야 합니다.

왜 지도자를 공경해야 합니까?
㉠하나님이 국가의 질서와 조화를 위해서 세워주셨기 때문입니다.
성경은 말씀합니다. "그 때에는 이스라엘에 왕이 없으므로 사람마다 자기 소견에 옳은 대로 행하였더라"(사사기 17:6).

사사 시대에는 지도자가 없었기 때문에 백성들이 나름의 생각대로 행했습니다. 그러니 질서가 없고 어지러울 수밖에 없었습니다.

지도자가 없으면 질서가 파괴되고 폭력이 난무하게 됩니다. 치안 부재가 되면 모두가 피해를 보게 됩니다. 그러므로 지도자가 있어야 합니다. 따라서 지도자의 권위를 인정해 주고 그를 공경해야 평안한 세월을 보낼 수 있습니다.

㉡정의를 행하도록 왕을 세우셨습니다.

"그러므로 내가 첫째로 권하노니 모든 사람을 위하여 간구와 기도와 도고와 감사를 하되 임금들과 높은 지위에 있는 사람들을 위해 하라. 이는 우리가 모든 경건과 단정한 중에 고요하고 평안한 생활을 하려 함이니라"(디모데전서 2:1).

왕이나 지도자를 정치적 아버지로 여기고 존경해야 합니다. 왕은 권선징악을 행하여 착한 자에게는 상을 주고 악한 자에게는 벌을 줍니다. 질서와 조화를 이루고, 평화롭고 정의로운 사회를 건설하기 위해 좋은 지도자가 있어야 합니다. 그러므로 지도자를 공경하며 그를 위해 기도해야 합니다.

②연령적 부모가 있습니다.

성경은 말씀합니다. "너는 센 머리 앞에 일어서고 노인의 얼굴을 공경하며 네 하나님을 경외하라 나는 여호와니라"(레위기 19:32) 나이 많은 분들을 공경하라는 것입니다.

우리는 센 머리 앞에 머리를 숙여야 합니다. 노인은 육체는 쇠약해도 영혼은 더 강건하고 경건해져서 하나님을 가까이하는 생활을 합니다. 노인의 마음속에는 경건과 의로 가득 차 있습니다. 희어진 머리털, 의로 관을 씌워진 자들은 더욱 존경을 받아야 합니다. 그들의 덕행을 공경해야 합니다.

우리는 인생의 황혼에서 은혜가 충만하고 하나님을 두려워하는 노인들을 공경하고 닮아가야 합니다.

우리 교회는 노인대학을 운영하고 있습니다. 여전도회가 매회 돌아가면서 식사 봉사를 하고 있습니다. 또 우리 교회에 출석하는 교수와 전문인들은 무료봉사를 합니다. 또한 여러 성도들이 노인 대학 행사나 중보기도팀들을 위해 종종 점심 식사를 대접하고 있습니다. 또 정성스러운 선물을 준비해서 제공하는 분들도 많습니다. 노인들은 부모와 같은 분들입니다. 우리는 나이가 많으신 분들을 잘 공경해야 합니다.

③영적인 부모가 있습니다.
하나님의 말씀을 가르치는 종, 목사를 말합니다.

사도 바울은 고린도전서 4장 15절에서 말씀합니다. "그리스도 안에서 일만 스승이 있으되 아비는 많지 아니하니 그리스도 예수 안에서 복음으로써 내가 너희를 낳았음이라".

많은 스승이 있으나 낳는 자는 얼마 되지 않습니다. 사도 바울은 그리스도 안에서 낳았다고 했습니다. 말씀을 가르치는 자는 영적인 아버지입니다. 영적 아버지는 영혼을 말씀으로 양육하고 기도하는 귀한 책임을 가지고 있습니다. 그러므로 목사를 공경하라고 합니다. 여기서 영적인 지도자를 공경하라는 것은 인격적인 문제보다는 '직분상의 존경'입니다.

물론 목사님들은 대부분 인격적으로 훌륭한 분들이지만 그렇지 못한 분들도 있습니다. 성도들의 생각에 자신들보다 목사님이 인격적으로 부족하다고 생각할 수도 있습니다. 목사는 인격적으로가 아니라 직책상 존경해야 합니다. 왜냐하면 목사의 직분은 성도들의 영혼을 위해 하나님이 세워주신 것이기 때문입니다.

영적인 아버지는 그리스도의 대사이며 사신입니다. 성경은 말씀합니다. "이러므로 우리가 그리스도를 대신하여 사신이 되어 하나님이 우리로 너희를 권면하시는 것같이 그리스도를 대신하여 간구하노니 너희는 하나님과 화목하라"(고린도후서 5:20).

죄인을 회개시키고 새사람을 만드는 이 일보다 중요한 것은 없습니다. 영적인 아버지는 복음을 전파합니다. 사탄의 권세에 빠진 영혼들과 세속에 물든 영혼들을 주님 앞으로 인도합니다. 그들을 생명의 양식으로 양육합니다. 따라서 영적인 아버지는 그의 하는 일로 인하여 존경을 받아야 합니다.

어떻게 공경해야 합니까?

㉠존경해야 합니다.

성경은 말씀합니다. "형제들아 우리가 너희에게 구하노니 너희 가운데서 수고하고 주 안에서 너희를 다스리며 권하는 자들을 너희가 알고 저의 역사로 말미암아 사랑 안에서 가장 귀히 여기며 너희끼리 화목하라"(데살로니가전서 5:12-13).

우리는 영적인 아버지이기 때문에 존경을 합니다.

아합왕 시대에 재상 오바댜는 엘리야 선지자를 공경하였습니다. 그리고 왕이 주의 종들을 죽이려하자 그는 자기의 목숨을 걸고 선지자들을 은밀한 곳에 숨겨서 음식을 제공하며 보호해 주었습니다.

구약 시대에는 레위 족속이 영적 지도자로 세움을 받았습니다. 레위 족속만이 제사장의 사명을 감당하게 하셨습니다. 특히 레위 족속 중 아론의 자손만이 대제사장 직분을 수행하게 하셨습니다. 이 직분은 하나님이 주신 권위입니다. 비록 왕이라 할지라도 순종해야만 했습니다.

예수님의 12제자들은 신분이 낮고 천한 사람들이었습니다. 그러나 주님이 제자의 직분을 주셨습니다. 모든 성도들은 그 직분에 순종하고 존경했습니다. 성경은 말씀합니다. "그런즉 저희가 믿지 아니하는 이를 어찌 부르리요 듣지도 못한 이를 어찌 믿으리요 전파하는 자가 없이 어찌 들으리요"(로마서 10:14).

그러므로 우리는 영적인 부모를 존경해야 합니다.

ⓒ영적인 아버지를 옹호하여 그들에 대한 중상과 모략을 씻어 내어야 합니다.
성경은 말씀합니다. "장로에 대한 송사는 두 세 증인이 없으면 받지 말 것이요"(디모데전서 5:19).

콘스탄틴 황제 시대에 성직자에 관한 고발장이 많이 들어 왔습니다. 그러나 왕은 고발장을 다 불태워 버렸습니다. 이유는, 성직자가 영적으로 타락하지 않는 한 - 성도들을 지옥으로 인도하지 않는 한 - 존경하라는 것이었습니다.

다윗왕은 우리에게 모범을 보여주었습니다. 다윗왕은 자신을 집요하게 추적해 오는 사울왕을 죽일 기회가 여러 차례 있었습니다만 그를 죽이지 않았습니다. 이유는 단순했습니다. 그것은 하나님께서 기름 부어 세우신 종이었기 때문입니다. 하나님이 세우신 종은 하나님이 심판하실 것임을 알았기 때문에 하나님께 맡기고 자신이 직접 행하지 않은 것입니다. 그의 판단이 옳았습니다. 하나님은 사울의 악행을 심판하셨습니다. 그리고 하나님은 여호와를 공경하고 주의 종을 공경한 다윗을 높이 들어 사용하셨습니다.

영적인 지도자를 중상하거나 모략하는 것은 하나님이 기뻐하지 않으십니다. 그 일은 결코 축복 받을 일이 아닙니다. 그러므로 주의 종을 위해 기도해야 합니다. 영적 지도자가 존경받고 사랑받는 종이 되도록 기도하며 순종하는 것은 믿음의 성도의 자세요 하나님이 기뻐하시는 일입니다.

ⓒ그들의 교훈을 따라야 합니다.
즉 말씀에 순종하라는 뜻입니다. 주의 종들에게 있어서 최고의 대접은 그 가르침대로 신앙 생활을 잘하는 것입니다. 한국의 성도들은 교역자 대접을 잘하려고 애를 씁니다. 그러나 최고의 존경은 주의 종들이 가르치는 대로 순종하고 복종하고 신앙 생활을 잘하는 것입니다. 불순종은 비난하는 것이요, 순종은 존경하는 것입니다.

사도 바울은 데살로니가 교인들을 향하여 이렇게 말했습니다. "우리의 소망이나 기쁨이나 자랑의 면류관이 무엇이냐 그의 강림하실 때 우리 주 예수 앞에 너희가 아니냐 너희는 우리의 영광이요 기쁨이니라"(데살로니가전서 2:19-20).

말씀대로 순종하고 믿음으로 사는 사람이야말로 목사에 대해 최대의 공경을 하는 것입니다. 말씀을 받는 대로 순종하는 성도야말로 주의 종을 진정으로 공경하는 성도입니다.

④사회적 부모가 있습니다.
주인과 같은 아버지를 말합니다. 사장이나 상관 등과 같은 사람이 될 수 있습니다. 나아만 장군의 신하들은 주인을 아버지라 불렀습니다. 로마 백부장도 하인을 아들이라 했습니다.

상사를 존경하는 것은 기본적인 자세입니다.
어떻게 존경해야 합니까?
㉠정직하고 공정해야 합니다.
성경은 말씀합니다. "사환들아 범사에 두려워함으로 주인들에게 순복하되 선하고 관용하는 자들에게만 아니라 또한 까다로운 자들에게도 그리하라"(베드로전서 2:18).

㉡부지런해야 합니다.
성경은 말씀합니다. "그 주인이 대답하여 가로되 악하고 게으른 종아 나는 심지 않은 데서 거두고 헤치지 않은 데서 모으는 줄로 네가 알았느냐"(마태복음 25:26).

ⓒ충성되어야 합니다.

성경은 말씀합니다. "충성되고 지혜 있는 종이 되어 주인에게 그 집 사람들을 맡아 때를 따라 양식을 나눠 줄 자가 누구뇨"(마태복음 24:45).

- 참을성이 있어야 합니다.
- 주인의 이익을 위해서 계획해야 합니다.
- 주인의 명예를 옹호해야 합니다.
- 주인의 말에 신실해야 합니다.
- 부정을 대적해야 합니다.
- 주인이 부당하게 위험에 빠지면 주인의 인격을 보호해야 합니다.

ⓔ불평과 대꾸함이 없이 침묵과 사랑으로 공경해야 합니다.

"종들로는 자기 상전들에게 범사에 순종하여 기쁘게 하고 거스려 말하지 말며"(디도서 2:9).

그러면 주인들은 종들에게 어떻게 해야 합니까? 상관들은 아랫사람들을 어떻게 대해야 합니까? 상관들은 먼저 하늘에 주인이 있다는 사실을 기억해야 합니다. 성경은 말씀합니다. "상전들아 너희도 저희에게 이와 같이 하고 공갈을 그치라 이는 저희와 너희의 상전이 하늘에 계시고 그에게는 외모로 사람을 취하는 일이 없는 줄 너희가 앎이니라"(에베소서 6:9).

우리는 하나님께서 우리 모두의 주인임을 인정해야 합니다.

- 종들에게 양식을 제공해야 합니다.
- 칭찬하고 격려해야 합니다.
- 과중한 짐을 지우지 말고 힘에 맞는 일을 시켜야 합니다.
- 종들의 영적 선을 찾아야 합니다.
- 부드럽고 친절해야 합니다.
- 종과 맺은 관계는 정확하게 시간을 지켜야 합니다.
- 종의 건강뿐만 아니라 병도 돌보아야 합니다.

⑤학교 선생님이 있습니다.

가르치는 은사를 받은 분들입니다. 우리는 지식과 인격을 가르쳐 주는 선생님을 존경해야 합니다. 우리는 선생님을 통해 많은 것을 배우고 성장합니다.

⑥낳아 준 부모님이 있습니다.

본래의 부모입니다. 우리를 낳아서 양육하신 부모님들입니다. 당연히 공경하고 존경해야 합니다.

⑦하늘의 아버지, 하나님이 계십니다.

하나님은 우리를 지으신 분이십니다. 우리에게 생명을 주시고, 죄에서 구원하시고 영생을 주셨습니다. 그리고 이 세상을 살아갈 때에 필요한 모든 은혜와 축복을 주십니다. 그리고 우리를 천국으로 인도하시는 영원하신 아버지 하나님이십니다. 우리 모든 인생은 하나님의 자녀입니다.

그러므로 당연히 존경하고 섬겨야 합니다.

2. 왜 우리는 부모를 공경해야 합니까?

1) 하나님의 명령이기 때문입니다.

성경은 가르칩니다. "네 부모를 공경하라 그리하면 너의 하나님 나 여호와가 네게 준 땅에서 네 생명이 길리라"(출애굽기 20:12), "내 아들아 나의 법을 잊어버리지 말고 네 마음으로 나의 명령을 지키라"(잠언 3:1), "대저 명령은 등불이요 법은 빛이요 훈계의 책망은 곧 생명의 길이라"(잠언 6:23).

부모님이 우리보다 공부도 많이 하지 못했고, 인물이나 인격이 뒤떨어질 수도 있습니다. 그러나 자녀들은 부모를 공경해야 합니다. 왜 그렇습니까? 나에게 생명과 피를 주시고, 양육하고 교육시킨 분이시기 때문입니다. 우리는 모두 부모를 통하여 이 땅에 태어났습니다. 부모 없이 이 땅에 온 사람은 아무도 없습니다. 우리의 생명의 근원이 바로 부모입니다. 그러므로 부모의 권위를 부정하는 것은 자신의 근원을 부정하는 것입니다. 부모를 공경해야 합니다.

그리고 하나님이 부모에게 권위를 주셨습니다. 즉 하나님의 대리자의 자격으로 자녀를 양육하게 하셨습니다. 따라서 자녀는 부모의 권위에 순종해야 합니다. 부모의 권위에 순종하는 것을 배운 자녀는 사회의 권위에도 순종할 줄 압니다.

오늘날 대형사고를 일으키고 사회적인 물의를 일으켜 많은 사람들에게 피해를 주는 사람은 가정에서부터 부모에게 순종하는 것을 배우지 못했기 때문입니다. 부모에게 순종하는 것을 거부한 사람들이 사회의 법을 거부하는 것은 쉬운 일입니다. 이것은 부모의 책임도 있습니다. 자녀를 권위에 순종하도록 양육해야 합니다. 부모에게 순종하도록 양육해야 합니다. 그것이 사회법에 순종하고 사회의 권위에 순복하는 길입니다.

부모는 우리를 낳아 주신 분이므로 공경해야 합니다.

2) 부모는 우리를 사랑과 희생으로 양육하셨으므로 공경해야 합니다.

고슴도치도 자기 자녀를 볼 때에는 반질반질하게 보인다는 말이 있습니다. 부모는 자녀를 사랑으로 양육하고 사랑의 눈으로 보고 양육합니다. 자녀들은 부모의 사랑과 희생을 다 이해하지 못합니다. 자기의 자녀들을 양육해 보아야 부모의 깊은 사랑을 깨닫게 됩니다.

우리는 부모님의 큰 은혜를 받았습니다. '어버이 크신 은혜'라는 시는 부모님의 사랑을 잘 표현하고 있습니다.

어버이 크신 은혜 바다에 비길 건가

산보다 높으시니 어떻게 갚사오리
자식의 모든 소원 대신 소원이요
아들 딸 괴로우면 부모 맘 편치 않네
아들 딸 길을 떠나 먼 곳에 간다하면
밤이면 추울세라 낮이면 주릴세라
아이들 잠깐동안 괴로움 받더라도
부모의 근심걱정 하루가 삼추로다

부모는 오직 자녀의 걱정과 근심과 사랑과 희생으로 봉사합니다. 자녀를 바라보는 부모의 눈에는 사랑으로 가득합니다. 자녀를 위해서는 모든 희생을 다 감당하는 것이 부모의 마음입니다.

미국의 어느 7층 아파트에서 화재가 발생했습니다. 이 때에 자녀 셋을 둔 엄마가 불을 피해서 자녀 셋을 데리고 옥상 위로 올라갔습니다. 남편은 직장에 출근하고 없었습니다. 불길은 계속 위로 치솟고 있었습니다. 이제는 어쩔 수 없었습니다. 어머니는 옆에 있는 건물의 창문을 열게 하고 자기 몸을 쭉 펴서 자기 몸으로 다리를 만들어 건너편 건물로 연결했습니다. 그리고 아이 셋을 차례로 어머니의 다리와 등을 타고 건너 편 건물로 건너가게 했습니다. 셋이 다 건너가자 어머니는 힘이 다 빠져 떨어져 죽고 말았습니다. 이것이 부모의 마음입니다.

자신은 몸이 불편해도 자녀들이 아프거나 무슨 일이 있으면 어디서인지 힘이 나서 달려가는 것이 부모의 마음입니다.

자녀들은 잘 순종하지 않습니다. 심부름도 잘 하지 않고 시키는 일도 귀찮아합니다. 부모는 대개 한 번 이상 자녀들의 잠자는 방을 돌아보며 이불을 덮어주기도 하지만 자녀들은 그렇지 않습니다. 이것이 부모의 마음입니다. 부모는 자신을 희생합니다. 오로지 자녀를 위합니다. 이것이 부모의 사랑입니다. 그러므로 자녀들은 부모를 공경해야 합니다.

3) 부모공경은 하나님이 기뻐하시기 때문입니다.

성경은 가르칩니다. "자녀들아 모든 일에 부모에게 순종하라 이는 주 안에서 기쁘게 하는 것이니라"(골로새서 3:20).

하나님은 부모에게 자녀를 주시고 그 자녀를 맡기셨습니다. 그러므로 부모에게 거부하는 것은 하나님께 거부하는 것이요 반항하는 것입니다. 부모에게 순종하는 것은 하나님께 순종하는 것이요, 하나님이 기뻐하시는 일입니다.

역사학자 토인비는 한국을 보고 돌아가면서 기자들에게 말하기를 "3, 4대가 같이 사는 동양의 가족제도야 말로 가장 이상적이며 매우 부러운 부분이다."고 했습니다.

21년 간 선교를 하고 떠나는 한 선교사는 이렇게 말했습니다. "21년 동안 선교에서 받은 최대의 교훈이며 값진 선물은 효행이다."

과연 이런 아름다운 미덕이 얼마나 가겠습니까?

저는 교도소에 가서 설교를 합니다. 그 곳에는 우락부락하게 생긴 사람도 있고, 온유하게 보이는 분들도 있습니다. 그러나 대부분은 순간적으로 실수하여 들어오는 사람들입니다. 그 분들이 찬송을 부르는 모습과 말씀을 듣고 큰 소리로 '아멘!' 하는 것을 볼 때에 위문 간 우리 성도들이 더 큰 은혜를 받습니다. 그 죄수들도 "높고 높은 하늘이라 말들 하지만, 나는 나는 높은 게 또 하나 있지, 낳으시고 기르시는 어머니 은혜, 푸른 하늘 그 보다도 높은 것 같애"라는 노래를 부르면서 주먹으로 눈물을 닦으며 웁니다.

사람이 태어나서 최초로 들어가는 학교가 어머니라고 하는 사랑의 학교입니다. 어머니는 최초의 스승이며 최고의 스승입니다. 어머니의 얼굴은 우리의 교과서였고, 어머니의 무릎은 우리들의 교실이었습니다. 어머니의 말씀은 최고의 비타민이었고, 어머니의 손길은 천국이었습니다. 그리고 어머니의 가슴은 모든 인간의 고향이었습니다.

이런 어머니를 우리가 잊어서야 되겠습니까? 바쁘다는 핑계로 형편이 어렵다는 이유로 부모님을 잊는다면 이 얼마나 부끄러운 일입니까?

초나라의 노래자란 사람은 그의 나이가 60이 넘었지만 80대의 노부모를 위하여 어린이의 옷을 입고 부모님 앞에서 어리광을 피우며 재롱을 부렸다고 합니다.

　성도 여러분, 부모님이 아직 생존해 계신다면 축복으로 여겨야 합니다. 부모님은 언제나 자녀에게 최고의 점수를 주십니다. 언제나 자녀의 편이 되십니다. 그리고 부모님은 자녀의 모든 것을 사랑스럽게 여기십니다. 비록 자녀가 실패를 해도 결코 낙심하지 않으시고, 나쁜 짓을 했더라도 그것을 감싸주시느라고 애를 쓰십니다.

　사랑하는 성도 여러분!
　부모 공경은 하나님을 기쁘시게 하는 것입니다. 그러므로 우리는 부모를 공경해야 합니다. 부모 공경은 우리가 해야할 당연한 의무입니다. 그리고 부모 공경은 하나님의 축복이 약속되어 있습니다.

　성경은 말씀합니다. "네 부모를 공경하라 그리하면 너의 하나님 나 여호와가 네게 준 땅에서 네 생명이 길리라"(출애굽기 20:12). 아멘.

제 5 계명

네 부모를 공경하라(2)
(출애굽기 20:12)

성경은 부모 공경을 강조합니다. 가장 위대한 계명인 십계명 가운데 다섯 번째 계명이 바로 부모님 공경입니다. 성경은 말씀합니다. "네 부모를 공경하라 그리하면 너의 하나님 나 여호와가 네게 준 땅에서 네 생명이 길리라"(출애굽기 20:12).

우리는 부모를 공경해야 합니다. 하나님은 네 부모를 공경하라고 명령하십니다.

1. 그러면 우리가 공경해야 할 부모가 누구입니까?

1) 부모의 종류

①정치적 부모가 있습니다. 정치적 부모는 정치 지도자를 말합니다. 왜 지도자를 공경해야 합니까?

㉠하나님께서 국가의 질서와 조화를 위해서 세워주셨기 때문

입니다.
　ⓒ정의를 행하도록 왕을 세우셨습니다.
　②연령적 부모가 있습니다. 나이가 많은 분들을 공경하라는 것입니다.
　③영적인 부모가 있습니다. 하나님의 말씀을 가르치는 종, 목사를 말합니다.
　어떻게 공경해야 합니까?
　㉠존경해야 합니다.
　ⓒ영적인 아버지를 옹호하여 그들에 대한 중상과 모략을 씻어 내어야 합니다.
　ⓒ그들의 교훈을 따라야 합니다.
　④사회적 부모가 있습니다. 주인, 사장, 상관 등과 같은 사람이 될 수 있습니다.
　⑤학교 선생님이 있습니다.
　⑥낳아 준 부모님이 있습니다.
　⑦하늘의 아버지, 하나님이 계십니다.
　하나님은 우리를 지으신 분이십니다. 우리에게 생명을 주시고, 죄에서 구원하시고, 영생을 주셨습니다. 그리고 이 세상을 살아갈 때에 필요한 은혜와 축복을 주십니다. 그리고 우리를 천국으로 인도하시는 영원하신 아버지 하나님이십니다. 모든 인생은 하나님의 자녀입니다. 그러므로 당연히 존경하고 섬겨야 합니다.

2. 왜 우리는 부모를 공경해야 합니까?

1) 하나님의 명령이기 때문입니다.

성경은 말씀합니다. "네 부모를 공경하라 그리하면 너의 하나님 나 여호와가 네게 준 땅에서 네 생명이 길리라"(출애굽기 20:12).

2) 부모는 자녀를 사랑과 희생으로 양육하셨으므로 공경해야 합니다.

3) 부모공경은 하나님이 기뻐하시기 때문입니다.

사람이 태어나서 최초로 들어가는 학교가 어머니라고 하는 사랑의 학교입니다. 어머니는 최초의 스승이며 최고의 스승입니다. 어머니의 얼굴은 우리의 교과서였고, 어머니의 무릎은 우리들의 교실이었습니다. 어머니의 말씀은 최고의 비타민이었고, 어머니의 손길은 천국이었습니다. 그리고 어머니의 가슴은 모든 인간의 고향이었습니다.

그러므로 우리는 부모를 공경해야 합니다. 부모 공경은 우리가 해야할 당연한 의무입니다. 그리고 부모 공경은 하나님의 축복이 약속되어 있습니다.

3. 어떻게 부모를 공경하고 섬겨야 합니까?

1) 인격을 존경해야 합니다.

①마음으로부터 섬겨야 합니다.
효도는 부모를 존경하는 마음에서 우러러 나옵니다. 효도 교육에서 가장 중요한 것은 자녀들이 부모를 존경하고 감사하는 마음을 가지는 것입니다. 마음으로 부모를 존경하는 것이 중요합니다. 마음은 존경하지 않으면서 입술로 형식적으로만 부모를 공경하는 것은 참된 공경이 아닙니다.

②외적으로 존경하는 태도를 가져야 합니다.
마음으로 공경한다 해서 외적인 태도를 소홀히 해서는 안됩니다.

㉠말로서 공경해야 합니다.
부모에게 예사로, 함부로 말하면 안됩니다. 부모의 말에 일일이 대꾸하거나 면박을 주거나 창피를 주어서도 안됩니다. 또한 말로서 부모에게 대항하거나 책망을 해서도 안됩니다. 부모의 마음을 아프게 하고 인격을 무시하는 말을 해서도 안됩니다. 말을 하되 경어를 사용하고 조심스런 단어를 사용하는 예를 갖추어야 합니다.

㉡태도로 공경해야 합니다.
몸으로 부모 공경을 보여야 합니다.

요셉은 애굽 제국의 총리였지만 자기에 비하여 초라하고 가난하고 연로한 아버지 야곱을 최대의 경의를 다하여 존경하였습니다. 그는 자기 아버지가 자랑스러워 130세의 연로한 아버지를 애굽의 궁으로 인도하여 바로왕 앞에서 축복을 빌게 해 드렸습니다.

그는 아버지를 가나안 땅에서 애굽으로 모셔 와서 노년을 편히 살게 해 드렸고, 잘 공경했으며, 임종도 지켜보았고, 유언에 따라 가나안까지 가서 그 시신을 장사해 드렸습니다. 그리고 자기를 죽이려다가 팔았던 형제들을 용서했으며, 모든 형제와 조카와 식솔들을 책임지고 부양했습니다.

ⓒ지식이 많다고 부모를 낮춰보면 안됩니다.
전무후무한 지혜의 왕 솔로몬도 왕이 된 후에 어머니 밧세바 앞에 엎드려 절하고 어머니를 영접했습니다. 부모님은 실수도 하고 나이가 많아 잘못을 행할 수도 있습니다. 그러나 업신여기면 안됩니다. 우리는 부모님 앞에서 얼마나 많은 실수를 했으며 얼마나 부모의 마음 아프게 했었습니까? 그럴 때마다 부모님은 눈을 감아 모른 척 해주시고 또 용서해 주셨습니다.

노아에게 세 아들이 있었습니다. 어느날 노아의 막내 아들 함이 노아가 포도주에 취하여 벌거벗고 잠을 자고 있는 것을 보고 흉을 보았습니다. 이 소리를 듣고 형 셈과 야벳이 뒷걸음질해 들어가 아버지 노아의 몸을 덮어 주었습니다.

스파르타 사람들은 "아버지께 거만하고 교만하면 상속하지 않는다."고 했습니다.

성경에도 부모를 업신여기는 자를 저주했습니다. "그 부모를 경홀히 여기는 자는 저주를 받을 것이라 할 것이요 모든 백성은 아멘 할지니라"(신명기 27:16).

2) 순종함으로 공경해야 합니다.

이삭은 아버지 아브라함이 하나님의 명령을 좇아 자기를 모리아산에서 번제물로 죽이려할 때에 반항하지 않고 죽음 앞에서도 순종했습니다.

어느 심리학자는 말하기를 어린아이는 전적으로 부모에게 순종한다고 말했습니다. 그들은 비록 자기 아버지의 체력이 조그만 해도 레슬링 선수보다 힘이 센 줄로 압니다. 20대가 되면 부모와 정반대가 됩니다. 사상도 다르고 세대 차이가 난다면서 말을 잘 듣지 않습니다. 40대가 되면 부모의 말에 일리가 있다고 마음이 바뀝니다. 50-60대가 되면 전적으로 부모의 말이 옳다고 심리적인 변화를 일으킨다고 합니다.

우리는 부모에게 순종함으로 공경해야 합니다.

서울 어느 교회의 목사님께 전화가 걸려왔습니다. "목사님, 우리 어머니는 목사님의 교회에 다니시는데 며칠 있으면 생일이 됩니다." 목사님은 "예, 그러신가요? 축하합니다." 하고 말했습니다. 그러자 그 부인의 말이 "그런데요, 우리 시어머니는 벌써

부터 생일준비를 하시느라 야단이세요." "그런데요?" 하고 목사님이 다시 묻자, 그 여 성도는 "목사님 교회에서는 노인들이 생일 잔치를 하지 말라는 설교를 좀 해 주실 수 없으신지요?" 하고 말했습니다. 목사님이 "왜요?" 하고 묻자, "형편이 허락하지 않는데 우리 시어머니는 친척들과 친구들을 다 모아 오신다고 야단이시거든요?" "그러세요. 그저 가정 형편대로 하시지요?" "우리는 그런 형편이 못됩니다." "애기 아버지는 무슨 일을 보시는지요?" "아무 회사의 중역으로 있어요." 너무 터무니없는 대답이었습니다. 목사님은 "그러면 생활은 별 어려움이 없겠습니다." 하고 말하자, "그렇지요. 상류는 못되어도 중류는 되어요." 하고 대답했습니다. "그러면 애들 아버지에게 말씀드려 보셨나요?" "우리 애들 아버지는 그저 가만있어요."

오늘날의 한 단면을 보여주는 것 같습니다. 형편대로 생일 잔치를 해드리면 됩니다. 비용이 너무 많이 들 것 같으면 부모님에게 사실대로 말씀드리고 정성으로 하면 되지 않겠습니까?

부산 어느 교회의 장로님은 해마다 어머니의 생신을 아주 크게 하여 교역자들과 장로님들과 교회 성도들을 초청해서 예배를 드리고, 큰 상을 마련하여 대접을 했습니다. 그렇게 하는 이유는 어머니가 돌아가시면 제사도 드리지 않으니 살아 계실 때에 잔치를 해 드리는 것이 자식된 도리라고 생각하기 때문이라고 했습니다.

성도 여러분, 성경은 말씀합니다. "너는 네 식물을 물 위에 던지라 여러 날 후에 도로 찾으리라"(전도서 11:1). 이 말씀은 구제하면 반드시 다시 돌려 받는다는 말씀입니다. 그러면 부모에게 효성을 다한 사람은 어떠하겠습니까? 하나님은 반드시 갚아 주십니다.

성경은 말씀합니다. "스스로 속이지 말라 하나님은 만홀히 여김을 받지 아니하시나니 사람이 무엇으로 심든지 그대로 거두리라"(갈라디아서 6:7), "이것이 곧 적게 심는 자는 적게 거두고 많이 심는 자는 많이 거둔다 하는 말이로다 각각 그 마음에 정한 대로 할 것이요 인색함으로나 억지로 하지 말지니 하나님은 즐겨 내는 자를 사랑하시느니라"(고린도후서 9:6-7), "성도를 섬기는 일에 대하여 내가 너희에게 쓸 필요가 없나니 이는 내가 너희의 원함을 앎이라 내가 너희를 위하여 마게도냐인들에게 아가야에서는 일 년 전부터 예비하였다 자랑하였는데 과연 너희 열심이 퍽 많은 사람들을 격동시켰느니라"(고린도후서 9:1-2).

성도 여러분, 우리는 순종함으로 부모를 공경해야 합니다.

3) 재산 관리를 잘함으로 부모를 공경합니다.

부모가 땀흘려 물려주신 재산을 소중히 잘 관리해야 합니다. 재산을 허랑 방탕하게 써버리고 잘못 관리하면 그것이 죄가 됩니다.

나봇은 조상이 물려주신 포도원이기 때문에 아합왕이 탐을 내고 유혹을 해도 끝까지 지키는 것이 하나님의 명령임을 알고 지키려다가 순교의 제물이 되었습니다.

부모로부터 물려받은 재산을 잘 관리하는 것이 부모 공경입니다. 부모로부터 물려받은 재산을 헛된 일에 사용하거나 함부로 없애버리는 것은 부모를 모독하는 일입니다. 재산을 잘 관리하고 유용하게 사용해야 합니다.

4) 신앙의 유산을 잘 지켜야 효도하는 것입니다.

부모의 좋은 신앙을 이어 받지 못하는 것은 불효입니다.

이삭은 아브라함의 신앙을, 야곱은 이삭의 신앙을, 그리고 요셉은 야곱의 신앙을 그대로 이어 받았습니다. 그들은 효성을 다한 사람들이었습니다.

레갑의 후손은 선조에게서 "대대로 포도주를 마시지 말라."는 유언을 받았습니다. 오랜 세월이 흘러가도 그 후손들은 조상의 신앙적 유훈을 그대로 지켰습니다. 이것은 참으로 어려운 일입니다. 그 당시에는 포도주를 마시는 것은 일상적인 생활이었습니다. 그런데도 부모의 유언을 지키기 위해 매일 보게 되는 포도주를 마시지 않았다는 것은 대단한 결심이었습니다.

우리도 부모의 훌륭한 신앙의 유산을 잘 이어 받아야 합니다.

믿음의 종 디모데는 외조모 로이스와 어머니 유니게의 신앙을 그대로 전수 받아 사도 바울과 함께 복음을 전하는 훌륭한 주의 종이 되었습니다.

가장 안타까운 것 중의 하나는 모태 신앙으로 태어나 성장한 성도들 중에 간혹 신앙 생활을 잘 하지 못하는 경우를 보는 것입니다. 아버지가 목사요 장로요 안수 집사요 어머니가 권사라고 하는데도 자녀들의 신앙은 엉망인 것을 볼 때에 마음이 아프고 교회 앞에서 덕이 되지도 않습니다. 그들은 자신들이 조상으로부터 받은 놀라운 축복을 등한시하고 스스로 복을 차 버리는 일을 하는 것입니다.

반면 믿음의 생활을 잘하고 교회의 본이 되는 신앙이 좋은 사람들을 볼 때에 그 배후에 목사, 장로, 권사, 집사의 가정이라는 사실을 알게 되면 "역시 그렇구나!, 그러면 그렇지!" 하는 기쁨과 감사가 나옵니다. 국내외 집회 인도나 강의 차 출타하게 되면 안내나 봉사하는 분들을 많이 만나게 됩니다. 정말 귀한 분들이구나 하는 생각이 되어 이야기를 나누면 목사, 장로, 권사, 또는 집사의 자녀들임을 알고 감사하게 됩니다.

성도 여러분, 부모의 좋은 신앙을 전수 받는 것은 부모님을 공경하는 것입니다. 우리도 믿음의 사람 여호수아처럼 "오직 나와 내 집은 여호와를 섬기겠노라"는 부모님의 좋은 신앙을 전수 받고, 우리의 자손들에게도 좋은 신앙을 물려주는 성도가 됩시다.

5) 감사하는 마음으로 공경해야 합니다.

성경은 말씀합니다. "누구든지 자기 친족 특히 자기 가족을 돌아보지 아니하면 믿음을 배반한 자요 불신자보다 더 악한 자니라"(디모데전서 5:8).

부모는 우리에게 몸과 피를 주셨습니다. 우리의 생명도 부모에게서 얻었습니다. 부모의 피가 우리의 혈관 속에 흐르고 있습니다. 음성도 부모의 것을 그대로 받았습니다. 우리는 너무도 신기할 정도로 부모를 닮았습니다. 그리고 부모님의 사랑을 받았습니다.

우리 모두는 부모에게 빚진 자들입니다. 그러므로 우리는 부모에게 항상 감사하는 마음을 가져야 합니다. 그런데 오늘날 자녀들은 부모들에게 어떻게 대합니까? 혹시 자녀들을 돌보는 보모 취급을 하고 있지는 않습니까? 부모는 보모가 아닙니다. 자식을 사랑해서 하는 것일 뿐입니다. 힘이 들어도 아들과 딸을 위해서 하는 일이요, 손주가 핏줄이며 자손이므로 사랑하기 때문에 돌보는 것입니다.

이것을 거래로 한다든지 계약식으로 하면 본질이 잘못되어 버립니다. 우리는 자녀를 돌보시는 부모님께 감사함으로 섬겨야 합니다.

못된 아들들은 말끝마다 대꾸하고 대항하기도 합니다. 나중에는 부모에게 손찌검까지 하는 자녀들이 있습니다. 결혼 전에도 애를 먹이고 결혼 후에도 계속 애를 먹이는 자녀들이 있습니다.

할머니 한 분이 50이 된 딸이 아프다는 전화를 받고 한 밤중에 딸에게로 가기 위해 택시를 탔습니다. 기사가 물었습니다. "밤중에 어디가십니까?" "딸 집 가오." "따님이 나이가 몇 살인가요?" "나이가 쉰 살이요." 그 소리를 들은 택시 기사는 심각하게 말했습니다. "나는 불효자입니다. 어머님이 아프시다는 전화를 받아도 이렇게 밤중에는 못 갑니다."

어찌 이 기사만 그렇겠습니까?

성도 여러분, 우리는 어떠합니까? 부모님께는 자주 가지 못하고 잘 해드리지도 못하면서 자신이 급하고 불편할 때면 언제든지 부모님을 밤낮으로 부르지 않습니까? 자식은 부모에게 가지 않아도 부모는 자식에게로 달려갑니다. 이것이 부모의 마음입니다. 그러므로 우리는 부모의 은혜와 사랑을 기억하고 항상 감사해야 합니다.

믿음의 사람 다윗의 아들 압살롬이 반역을 일으켜 아버지를 쫓아내고 자기가 왕이 되려고 시도하다가 하나님의 징계로 패하여 죽고 말았습니다. 다윗을 죽이려고 반란을 일으킨 못된 아들 압살롬이 죽었다는 소식을 들었을 때 다윗은 심히 통곡하며 "내 아들 압살롬아, 내 아들 압살롬아" 하며 울었습니다. 이것이 부모의 마음입니다.

그러므로 자녀들은 부모에게 감사를 표할 줄 알아야 합니다. 자주 연락을 드리고 안부를 물어야 합니다. 생전에 감사를 표할 줄 알아야 합니다.

멀리 떨어져 있으면 더 어렵습니다. 외국 생활을 하게 되면 부모님께 소홀하기 쉽습니다. 편지나 전화도 자주 하지 못하게 됩니다. 멀리 떨어져 있으면 양가 어른들을 찾아 인사하는 것도 정말 어렵습니다. 명절이나 생신, 어버이날을 찾아 인사하는 것도 힘이 듭니다.

저희들도 몇 년간 멀리 떨어져 있어보니 제일 마음에 걸리는 것이 어머님이었습니다. 그래서 우리는 기도하는 것이 최고로 효도하는 것인 줄 알고 매일 어머님을 위해서 기도했습니다. 하나님은 우리의 기도를 응답해 주시어 건강한 모습으로 다시 재회하게 하셨고 모시고 살도록 해 주셨습니다.

지난 어버이 주일에는 어머님이 대구에 있는 동생 댁에 가시고 저희 집에 계시지 않았으므로 어떻게 하나 하고 마음에 부담이 되었습니다. 그런데 우리 성도 중에 구미와 대구에 개업 예배를 드릴 일이 있어서 예배를 드리고 난 후에 잠깐 들려서 인사드리고 기도하고 돌아올 수 있어서 정말 감사했습니다.

우리는 늘 부모에게 감사하는 마음을 가져야 합니다. 나이는 들어도 입맛은 변하지 않습니다. 부모님이 좋아하는 음식도 해

드려야 합니다. 용돈도 드려야 합니다. 그 용돈을 어디에 쓰시겠습니까? 결국 손자들에게 주시거나 헌금이나 다른 사람들을 도와주지 않겠습니까?

6) 형제끼리 화목해야 합니다.

형제끼리 화목하는 것은 부모님의 마음을 편하게 해드리는 것입니다. 자녀들이 서로 불화하게 되면 부모의 가슴을 찢는 것입니다.

다윗의 자녀들은 서로 싸우고 죽이고 했습니다. 이것은 가장 큰 불효입니다. 부모 앞에서는 싸우지도 말고 말다툼도 삼가야 합니다. 부모의 마음을 아프게 하는 것이기 때문입니다. 형제끼리 화해하고 서로 불편한 관계는 정리해야 합니다. 그것이 부모의 마음을 편하게 해 드리는 것입니다. 부모님 때문에 양보하고 부모님 때문에 참아야 합니다. 이것이 부모에게 효도하는 것입니다.

7) 세상에서 잘되는 것이 효도입니다.

사업이나 직장생활도 잘하여 부모의 마음을 기쁘게 해 드려야 합니다. 건강한 것도 부모의 마음을 기쁘게 해 드리는 것입니다. 하나님께서 부모를 통하여 우리에게 주신 몸이기 때문입니다. 우리의 몸이라고 함부로 사용해서는 안됩니다. 특히 죄 짓는 데 사용해서는 안됩니다. 건강관리도 잘 해야 합니다. 술과 담배로 인해 건강을 해치고 병이 들게 되면 이것이 바로 불효하는 것입니다. 규칙적인 생활로 건강을 잘 관리해야 합니다. 잠들고 일어나는 시간이 규칙적이어야 합니다. 절제 생활을 잘 해야 합니다. 이것이 효도입니다.

신앙생활을 잘 하여 교회의 일군이 되는 것 역시 효도입니다. 신앙 생활을 바로 하지 못함으로 부모의 마음을 아프게 하는 것은 하나님 앞에서도 죄를 짓는 것이지만 부모님께 불효하는 것입니다. "주일을 잘 지켜라. 교회 봉사도 열심히 하고, 기도 생활도 열심히 해야 한다."는 말을 언제 까지 들어야 하겠습니까? 이제는 부모님을 위하여 기도할 줄도 알고, 부모님 대신에 열심히 예배드리고 봉사할 줄 아는 생활이 되어야 하지 않겠습니까?

신앙생활을 잘 하여 교회의 일군이 되는 것이야말로 부모의 마음을 기쁘게 하는 최대의 효성이 아니겠습니까?

8) 부부가 화목하게 살아야 합니다.

부부가 화목하게 잘 살아가는 것은 부모를 기쁘게 하는 것입니다. 부부가 신앙생활을 잘 하는 것이 효성입니다. 만일 부부가 늘 불화하고 다툰다면 부모에게 불효하는 것입니다. 가정의 파탄은 더 큰 불효입니다. 오늘날 부부가 가정 파탄을 일으킴으로 부모들이 자녀의 집으로 오가며 수고하는 일이 얼마나 많습니까? 이것은 부모를 괴롭히는 일입니다.

오늘날은 탈선과 이혼이 급증하고 있습니다. 98년도 1년 동안에 이혼한 가정이 123,700건이었습니다. 이 중에 절반에 가까운 43.9%가 배우자의 불륜 때문에 이혼을 했다고 합니다. 그 결과 자녀들은 탈선하고 성격이 비뚤어지고 폭력을 행사하고 마약에 손을 대기 시작합니다.

부부가 서로 화목하게 살아야 합니다.

우리 교회에서는 오늘 저녁예배 시간에 장년 순결서약예배를 드립니다. 매년 청소년들과 청년들의 순결서약식을 해 오고 있으나 장년 순결서약식은 이번이 처음입니다.

부부는 서로 순결을 지켜야 합니다. 서로 협력하며 신앙과 육체의 순결을 지켜야 합니다. 한 아내와 한 남편, 일부일처제는 하나님의 가르침입니다. 제 7계명에도 "간음하지 말지니라"고 명령하셨습니다.

행복한 가정의 가장 근본적인 것은 부부의 순결입니다. 배우자 외에 다른 사람을 사랑한다면 벌써 부정을 범한 것입니다. 부부 사이에는 다른 제 3자가 개입해서는 안됩니다.

"마음에 음욕을 품은 자도 간음을 하였다"고 하는 것이 예수님이 말씀하신 천국 시민의 도덕입니다.

이 세상은 항상 유혹이 기다리고 있습니다. 지금도 마귀는 우리의 가정을 노리고, 부부를 노리고, 남편과 아내를 유혹합니다. 이 세속주의 문화가 얼마나 부패되어 가고 있습니까? 모든 죄악의 뒤에는 돈과 쾌락이 있고, 그 뒤에는 성 문제가 있습니다. 마귀는 이것을 노립니다.

그러므로 부부는 기도해야 합니다. 순결을 지키기 위해 서로 노력해야 합니다. 신앙 위에 굳게 서 있지 않고 기도하지 않으면 위험합니다. 많은 사람들이 넘어지고 있습니다. 이것은 남의 일이 아니라 우리 자신의 일입니다. 우리는 하나님 앞에 바로 서야 합니다. 서로 부부의 순결을 약속해야 합니다. 이를 위해 서로가 협력하고 기도해야 합니다.

우리는 가정을 지켜야 합니다. 파탄을 막아야 합니다. 이것이 하나님의 뜻을 이루는 길이요 부모에게 효도하는 길입니다.

4. 부모의 할 일이 있습니다.

1) 신앙의 본을 보이는 것입니다.

자녀 교육에 있어서 가장 중요한 것은 본을 보여주는 것입니다. 자녀들은 부모들을 그대로 닮습니다. 부모들은 자녀들에게 하나님을 사랑하고 섬기는 것을 보여주어야 합니다. 그 무엇보다도 신앙의 본을 보여주어야 합니다. 신앙의 본을 보여주지 않으면 우리의 자녀들이 하나님을 멀리하거나 신앙을 잃어버리게 됩니다. 자녀들이 신앙 생활을 제대로 하지 못하는 책임은 부모에게 있습니다. 부모가 신앙의 본을 보여주지 못하면 자녀들은 신앙 생활을 하지 않게 됩니다. 그러므로 부모가 신앙의 본을 보여주어야 합니다. 철저한 예배 생활을 보여주어야 합니다. 말씀을 사모하고 하나님을 두려워하며 순종하는 것을 보여 주어야 합니다. 헌금 생활의 본을 보여주어야 합니다. 교회 봉사의 본을 보여 주어야 합니다. 전도의 본을 보여주어야 합니다. 구제로 이웃 사랑을 실천하는 본을 보여 주어야 합니다.

2) 자녀를 위해 기도해야 합니다.

자녀들이 항상 부모들 곁에 있지 않습니다. 그리고 이 세상은 얼마나 유혹이 많고 위험합니까? 그러므로 부모는 자녀를 위해 기도해야 합니다.

미국의 어느 가정의 아들이 멀리 유학을 떠났습니다. 아들이 떠나는 날에 어머니는 아들에게 신앙 생활을 잘하라고 부탁했습니다. 그리고 "우리도 매일 저녁 9시에 너를 위해 기도하겠다."고 약속했습니다. 집을 떠난 아들은 잘 지냈습니다. 그런데 어느 날 축구 시합에서 자신이 결승골을 넣고 우승을 차지했습니다. 그러자 코치는 젊은이들에게 마음껏 먹고 즐기라며 자유시간을 주었습니다. 1,2차를 보내고 이제 마지막으로 모두 홍등가로 몰려갔습니다. 믿음의 아들은 갈등이 오기 시작했습니다. 죄를 짓는 곳으로 가고 싶지 않았습니다. 그러나 분위기가 그 자리를 도저히 빠져 나올 수가 없었습니다. 그때 9시를 알리는 종소리가 들려왔습니다. 그 순간 청년은 정신이 번쩍 들었습니다. 그는 과감하게 돌아섰습니다. "나는 갈 수 없다."고 외쳤습니다. 모두 "왜 그러냐?"고 물었을 때 그는 "우리 집에서 부모님이 나를 위해 기도하고 있기 때문에 나는 갈 수 없다."고 담대하게 말했습니다.

부모의 기도가 아들을 죄악에서 구했습니다. 부모들은 자녀들을 위해서 기도해야 합니다. 우리는 얼마나 기도하고 있습니까? 매일 새벽을 깨워서 자녀들을 위해서 기도해야 합니다. 매일 밤 자녀를 위해 기도해야 합니다.

3) 자녀들에게 말씀을 가르쳐야 합니다.

하나님의 말씀을 철저히 가르쳐야 합니다. 말씀에서 떠나지 않도록 가르치는 것은 너무도 중요합니다. 성경은 말씀합니다. "모든 성경은 하나님의 감동으로 된 것으로 교훈과 책망과 바르게 함과 의로 교육하기에 유익하니 이는 하나님의 사람으로 온전케 하며 모든 선한 일을 행하기에 온전케 하려 함이니라"(디모데후서 3:16-17), "이 율법책을 네 입에서 떠나지 말게 하며 주야로 그것을 묵상하여 그 가운데 기록한 대로 다 지켜 행하라 그리하면 네 길이 평탄하게 될 것이라 네가 형통하리라"(여호수아 1:8).

4) 효성을 가르쳐야 합니다.

부모에게 효도를 하도록 가르쳐야 합니다. 이것은 성경의 가르침입니다. "네 부모를 공경하라 그리하면 너의 하나님 나 여호와가 네게 준 땅에서 네 생명이 길리라"(출애굽기 20:12).

어느 목사님은 자녀들에게 반드시 하나님께 십일조를 드리고, 그리고 부모에게도 십일조를 하라고 가르쳤다고 합니다. 그 이유는 부모를 공경하는 것을 가르쳐 그들이 복을 받게 하도록 하기 위함이라고 했습니다. 그리고 결국 그 돈은 자녀들에게 돌아간다는 것입니다.

우리는 어떤 이유를 막론하고 부모에게 효도해야 합니다.

우리 예수님도 30세 까지 순종하셨습니다. 주님은 십자가의 그 고통스런 마지막 순간에도 어머니 마리아를 사랑하는 제자 요한에게 부탁하셨습니다. 가장 중요한 인류의 대속죄 사업을 이루시는 그 큰일을 앞두고도 주님은 어머니를 생각하고 어머니의 노후를 부탁하셨습니다.

5. 부모를 공경하는 자에게 축복을 약속하셨습니다.

1) 장수의 축복입니다.

성경은 말씀합니다. "네 부모를 공경하라 그리하면 너의 하나님 나 여호와가 네게 준 땅에서 네 생명이 길리라"(출애굽기 20:12).

이 말씀은 약속의 땅, 하나님이 주신 가나안 땅에서 자손 대대로 살게 될 것이라는 말씀입니다. 또한 오래 산다는 의미는 천국의 영생의 모델입니다.

　하나님을 잘 섬기고 부모를 공경하는 사람은 장차 하나님의 나라에서 영생을 누리게 될 것입니다. 또한 이 세상에서도 복을 누리며 장수한다는 축복입니다. 장수의 의미는 그저 나이가 많도록 오래 사는 것만을 말하지 않습니다. 건강의 복을 받아 잘 살 것이라는 축복입니다. 자손들이 복을 받을 것입니다.

　불효한 엘리의 두 아들 홉니와 비느하스는 하나님의 심판으로 일찍 죽었습니다. 하나님은 그 집안에 노인이 없으리라고 하셨습니다. 불효자 압살롬도 일찍 죽음을 당했습니다.

　왜 장수가 복입니까?
①회개의 기회를 얻을 수 있기 때문입니다.
②주님과 더 교제할 수 있기 때문입니다.
③교회 봉사를 더 많이 할 수 있기 때문입니다.

　성도 여러분, 하나님은 부모를 공경하는 자에게는 장수의 복을 주신다고 하셨습니다. 우리 모두 부모를 공경하여 건강의 복과, 이 땅에서의 장수의 복과, 자손들이 복을 받고, 천국에서 영생의 축복을 누리는 성도가 됩시다.

2) 잘 됩니다.

성경은 말씀합니다. "자녀들아 너희 부모를 주 안에서 순종하라 이것이 옳으니라 네 아버지와 어머니를 공경하라 이것이 약속 있는 첫 계명이니 이는 네가 잘 되고 땅에서 장수하리라"(에베소서 6:1-3).

이 말씀은 형통하고 만사가 원만하게 되고 범사가 잘된다는 말씀입니다.

아비에게 효도를 다한 요셉은 축복을 받아 장자의 복을 받고 그의 두 아들이 이스라엘의 두 지파를 얻었습니다.

조지 워싱턴은 어릴 때부터 부모를 공경하며 정직하게 살았습니다. 그리고 항상 중요한 일이 있을 때마다 어머니에게 자문을 구하고 어머니의 의견을 존중했습니다. 결국 그는 미국의 초대 대통령이 되었고, 대통령이 된 후에도 항상 어머니의 조언을 따랐으며 공경했습니다.

성도 여러분, 한 번 생각 해 봅시다. 우리는 부모에게 얼마나 효도하고 있습니까?

Robert Lee목사는 부흥사였습니다. 청소년 시절에 집안이 가난하여 돈을 벌기 위해 파나마로 갔습니다. 그때 어머니가 파나마로 떠나는 아들에게 이렇게 말씀했습니다. "하나님과 어머니의 말씀을 잘 지켜라. 네가 돌아 올 때에 너의 눈을 보겠다."

Robert Lee는 어머니의 말씀대로 믿음대로 살았습니다. 많은 시험과 유혹이 와도 끝까지 참고 믿음을 지켰습니다. 그리고 미국으로 돌아왔을 때에 그는 어머니의 어깨를 붙잡고 어머니의 눈을 보면서 말했습니다. "어머니, 저는 하나님과 어머니를 위해 저의 신앙 지켰습니다. 술집에도 가지 않고, 도박도 하지 않고, 홍등가에도 가지 않고 신앙을 지켰습니다. 어머니, 제 눈을 보십시오".

사랑하는 성도 여러분!
부모 공경은 하나님의 명령이요 우리의 의무입니다. 지금까지 불효한 것을 회개합시다. 이제부터 전심으로 부모를 공경합시다. 우리 모두 하나님을 공경하고 부모님을 공경하는 삶을 살아 하나님이 약속하신 장수하고 이 땅에서 잘되는 축복을 우리와 우리의 후손들이 누리는 성공적이고 축복된 삶을 살아가는 성도가 됩시다. 아멘.

제6계명

살인하지 말라

제 6 계명

살인하지 말라
(출애굽기 20:13)

세상에서 가장 존귀한 것이 무엇입니까? 보석과 지식과 지위와 권세와 인기와 명예입니까? 아닙니다. 그 보다 더 본질적이고 중요한 것이 있습니다. 그것은 생명입니다. 생명은 천하(天下)와도 바꿀 수 없습니다.

그런데 오늘날 우리 사회에는 생명을 천시하는 무서운 시대가 되고 말았습니다. 사소한 일로 살인을 행하고, 한 두 명이 아니라 집단적인 살인행위가 우리의 가까이에서 일어나고 있습니다. 지금도 집단 테러, 살인 강도, 권력 투쟁으로 인한 살인, 안락사, 낙태, 전쟁, 자살 등으로 수많은 생명들이 죽어가고 있습니다.

생명은 하나님께서 창조하신 고귀한 것입니다. 우리는 하나님의 형상대로 지음을 받았습니다. 그러므로 하나님은 이 귀한 생명을 보전하게 하기 위해 십계명 중 제 6계명을 우리에게 주셨습니다.

성경은 말씀합니다. "살인하지 말지니라"(출애굽기 20:13).

1. 왜 살인을 해서는 안 됩니까?

1) 하나님이 사람을 창조하시고 생명을 주셨기 때문입니다.

성경은 말씀합니다. "하나님이 자기 형상 곧 하나님의 형상대로 사람을 창조하시되 남자와 여자를 창조하시고"(창세기 1:27).

하나님은 직접 우리의 인생을 창조하시고 생명을 주셨습니다. 즉 인간의 생명의 주인은 하나님이십니다. 생명을 주신 하나님만이 그 생명을 거두어 가실 수 있습니다. 그러므로 살인을 한다는 것은 하나님의 주권에 도전하는 행위입니다.

살인은 하나님이 가장 아끼는 생명을 죽이는 것입니다. 그러므로 살인을 해서는 안됩니다.

2) 하나님의 형상대로 창조하시고 축복하셨기 때문입니다.

성경은 말씀하셨습니다. "하나님이 가라사대 우리의 형상을 따라 우리의 모양대로 우리가 사람을 만들고 그로 바다의 고기와 공중의 새와 육축과 온 땅과 땅에 기는 모든 것을 다스리게 하자 하시고 하나님이 자기 형상 곧 하나님의 형상대로 사람을 창조하시되 남자와 여자를 창조하시고 하나님이 그들에게 복을 주시며 그들에게 이르시되 생육하고 번성하여 땅에 충만하라, 땅을 정복하라, 바다의 고기와 공중의 새와 땅에 움직이는 모든 생물을 다스리라 하시니라"(창세기 1:26-28).

하나님께서 사람을 만드실 때 가장 귀한 존재로 만드셨습니다. 사람을 다른 짐승과 생물처럼 만들지 않고 하나님의 형상대로 만드셨습니다. 그리고 축복하셨습니다. 그러므로 살인을 해서는 안됩니다.

3) 예수 그리스도의 십자가의 피로 구속한 영혼이기 때문입니다.

하나님께서는 인간을 죄악에서 구원하시기 위해 예수 그리스도를 이 땅에 보내시고 십자가에서 피 흘려 죽게 하심으로 사람의 생명을 구원해 주셨습니다. 이것은 하나님이 사람을 얼마나 사랑하시는가를 보여주시는 증거입니다.

우리는 허물과 죄로 죽었던 인생들이며 심히 부족하고 연약한 존재들입니다. 그럼에도 불구하고 하나님은 우리를 사랑하시어 자신의 생명을 희생하면서까지 우리를 죄악에서 구원해 주셨습니다. 우리에게 영원한 생명을 얻게 하시고 천국과 부활의 소망을 주셨습니다. 그러므로 우리의 생명은 귀하고 소중한 것입니다. 우리는 천국의 백성이요, 하나님의 자녀요, 의의 백성입니다. 그러므로 예수 그리스도의 십자가의 피로 구속받은 성도를 죽이는 일은 결코 있어서는 안됩니다. 그런데 인간들은 사악하고 잔인하여 하나님의 명령을 어기고 살인을 저질렀습니다.

소련의 망명 작가 솔제니친은 1920년 우크라이나에서 소련이 600만 명의 농민들을 굶겨 죽였다고 했습니다. 중공이 정권을 잡기 위해 3천만 명의 생명을 죽이고 처형했습니다. 나치 독일의 히틀러는 제2차 세계대전 중 600만 명의 유대인들을 무참하게 학살해 버렸습니다. 1946년 전직 히틀러 정권의 관리 한 사람이 나치 전범재판소에서 재판을 받게 되었습니다. 그는 히틀러의 가스실에서 250만 명을 살해하는 살인극에 가담했다고 자백했습니다. 그런데 엄청난 살인을 저지른 그의 표정은 너무도 태연하고 담담했습니다. 오히려 관계자들이 모두 놀랄 정도였습니다. 심문을 계속하던 중에 2백만 이상을 살해한 또 다른 사실을 밝혀내었습니다. 그는 얼굴색 하나 변하지 않고 대답했습니다. 그의 말을 거의 믿을 수 없었던 조사관 한 사람이 그에게 물었습니다. "하나님을 믿느냐?" 그러자 그는 대답했습니다. "결코 그런 것 믿지 않소!"

우리는 여기에서 중요한 사실을 하나 발견할 수 있습니다. 그것은 하나님을 배척하고 무시하는 사람이 사는 곳에는 사람의 목숨이 파리 목숨처럼 사라지고 만다는 사실입니다.

성경은 말씀합니다. "살인하지 말지니라"(출애굽기 20:13).

성도 여러분, 하나님만이 생명의 주관자이십니다. 사람의 생명은 가장 존귀한 하나님의 형상대로 창조되어졌습니다. 예수님의 십자가의 피로 구속받은 하나님의 백성의 생명을 죄인들이 살인하는 것은 결코 있을 수 없다는 성경의 말씀을 마음속 깊이 새기고 생명을 소중히 여기는 성도가 됩시다.

2. 살인에는 어떤 종류가 있습니까?

살인은 내가 다른 사람을 죽이는 직접 살인과 간접살인이 있습니다. 그리고 허용된 살인이 있습니다.

1) 직접 살인이 있습니다.

성경에 등장하는 첫 살인자는 동생 아벨을 죽인 가인입니다. 이것이 점점 발달되고 확대되어 개인 살해에서 가족살해로, 가족살해에서 부족간의 살해로, 부족간의 살해에서 나라와 나라간의 살해로 벌어지게 된 것입니다.

①고의적으로 사람을 죽이는 것은 살인입니다.
계획적으로 사람을 죽이는 것은 사탄의 짓입니다. 사탄은 태초부터 살인자입니다. 성경은 증거합니다. "너희는 너희 아비 마귀에게서 났으니 너희 아비의 욕심을 너희도 행하고자 하느니라 저는 처음부터 살인한 자요 진리가 그 속에 없으므로 진리에 서지 못하고 거짓을 말할 때마다 제 것으로 말하나니 이는 저가 거짓말쟁이요 거짓의 아비가 되었음이니라"(요한복음 8:44).

사탄은 모든 살인자의 시조입니다. 거짓의 아비는 사탄입니다.

구약 시대에는 실수로 사람을 죽인 경우는 도피성으로 피할 수 있으나, 고의적으로 사람을 죽인 경우는 용서받지 못하고 죽임을 당했습니다.

②태아를 죽이는 것 역시 살인입니다.

이유야 어떠하든 태아는 엄연한 생명입니다. 그러므로 태아를 죽이는 것은 살인 행위입니다. 오늘날 낙태가 합법화되어 태아의 생명을 오물을 처리하듯 버리는 범죄를 저지르고 있습니다.

③자살 역시 살인입니다.

AD 2세기에 스토아 철학자 에피큐리우스는 자살을 찬양했습니다. 자살하는 사람은 자살을 인생의 무거운 짐에서 해방 받는 방편으로 생각하고 스스로 죽음을 선택합니다.

사람은 자기의 생명을 마음대로 좌우할 권리가 없습니다. 생명은 부모를 통하여 하나님께서 우리에게 주신 것입니다. 자살은 부모에게 불효하는 것입니다. 더욱이 하나님이 주신 생명을 스스로 끊어버리는 것은 하나님의 주권에 대한 도전입니다. 자살은 월권행위입니다. 결코 용서받지 못할 죄입니다.

구약시대에 사울왕은 블레셋 군대와의 길보아산 전투에서 패하자 스스로 칼을 빼어 놓고 그 위에 엎드려 죽고 말았습니다(사무엘상 31:1-6). 아히도벨은 다윗의 고문이요 친구였습니다. 그러나 압살롬이 반란을 일으키자 다윗을 배반했습니다. 그러나 압살롬이 그가 다윗을 무너뜨릴 멋진 계략을 묵살하자 자신의 인생이 실패한 줄 알고 고향으로 돌아가 자살하고 말았습니다 (사무엘하 17:22). 시므이왕은 7일 천하의 이스라엘 왕이었습니다. 그는 왕을 죽이고 왕위에 올랐으나 같은 대장에게 성을 포위 당하여 디르사성이 함락되자 와옹위소에 들어가 불을 놓고 스스로 타 죽고 말았습니다(열왕기상 16:18). 가룟 유다는 예수님을 은 삼십에 판 후 그의 계략이 실패한 줄로 알고 스스로 목을 매어 죽고 말았습니다.

자살자는 하나님을 경외하지 않는 사람입니다. 내세와 심판을 믿지 않는 사람입니다. 자살 행위는 비겁한 짓입니다. 어려움이 온다 해서 자살해 버리면 이 세상은 어떻게 되겠습니까? 우리는 어떤 경우에도 어떤 어려움이 오더라도 자살을 해서는 안됩니다. 그것은 "살인하지 말지니라"(출애굽기 20:13)는 제 6계명을 위반하는 것이기 때문입니다.

2) 간접 살인이 있습니다.

우리가 고의적으로 직접 살인을 하지 않더라도 간접적인 행위에 의해 다른 사람을 죽음에 이르게 할 수 있습니다.

①유해식품을 만들어 사람을 해치는 경우가 있습니다.
불량한 식품을 만들어 식중독을 일으키게 하는 경우, 부정한 약품이나 주사, 자동차 정비불량으로 교통사고를 유발하는 경우, 무지와 미신으로 병원에서 치료받지 않고 죽음에 이르도록

내버려두는 것 역시 간접살인입니다. 생명을 단축시키는 술이나 마약, 그리고 방탕하고 무질서한 생활을 하게 하는 것도 간접 살인에 들어갑니다.

모세의 율법에는 잘 떠받는 소가 다른 사람을 해치게 되면 그 소의 주인이 이 사실을 알면서도 소를 잘 단속하지 않고 방치한 결과 다른 사람을 받아 죽인 것이므로 그 소의 주인은 사형을 받았습니다.

②남을 비방하고 헐뜯으므로 해를 입히는 경우가 있습니다.
말로써 남의 인격을 손상시켜 그 사람을 매장시키는 것은 간접적인 살인 행위와 같습니다. 예수님은 형제를 향하여 '라가'(바보)라 하는 자는 지옥 불에 들어간다고 했습니다. 우리는 하나님의 형상대로 지음을 받은 인생을 서로 존중해야 합니다. 말로서 남에게 지나친 무안이나 모욕을 주고 인격을 무시해서는 안됩니다. 지나친 농담으로 인격에 손해를 주는 것도 삼가야 합니다. "죽어 버려라. 내 앞에서 사라져 버려. 어서 죽어 버려라. 지구를 떠나 버리거라." 우리는 농담이라 할지라도 이런 언행을 조심해야 합니다.

성경은 말씀합니다. "뱀같이 그 혀를 날카롭게 하니 그 입술 아래는 독사의 독이 있나이다(셀라)"(시편 140:3).

거짓된 말, 거짓된 글, 거짓 선전 등 사람의 인격과 명예를 손상시켜 그 사람을 매장 시키는 것 등이 다 간접적인 살인입니다.

확실히 알지 못하면서 추측으로 내뱉는 말이나 잘못 다른 사람의 말을 하여 깊은 상처와 명예를 훼손시키는 것 역시 간접살인 행위에 들어갑니다.

③생활양식과 자기의 의무를 게을리 함으로 살인하는 경우가 있습니다.

어느 집에 두 아들이 있었는데 모두 술꾼들이었습니다. 어머니가 이 아들들 때문에 병이 들어 죽게 되었습니다. 어느 날 술에 취하여 곤드레만드레 되어 들어온 아들들에게 아버지가 권총을 한 자루씩 주었습니다. 그러자 아들들은 취중이었지만 무슨 일인가 놀랐습니다. 그때 아버지가 아들들에게 말했습니다. "윗층에 올라가서 너희 어머니를 쏴 죽여라. 너희 어머니는 너희들이 술에 취해 들어옴으로 해서 병들어 조금씩 죽어가고 있는데 차라리 그것보다 너희가 총으로 단 번에 쏴 죽여라. 그것이 훨씬 편할 것이다."

연탄가스 시설을 손보지 않아 가스에 중독되어 죽는다면 그것 역시 자기의 의무를 다 하지 않은 나태에서 오는 간접 살인이 될 수 있습니다. 우리의 나쁜 생활 습관이 살인을 하고 있을 수 있습니다. 술, 도박, 과음, 탈선, 비윤리적인 행위와 습관, 그리고 생활이 가족에게 피해를 주고 살인하는 일을 할 수 있습니다. 이 모든 것이 다 간접 살인에 들어갑니다.

④영혼을 죄악에 빠지게 하는 것 역시 간접 살인입니다.

다른 사람을 유혹해서 죄악에 빠지게 하는 것은 영혼을 살해하는 행위입니다. 매춘부, 술집으로 유혹하는 것, 죄짓는 곳으로 유혹하는 것, 교회에 가지 못하게 유혹하는 것, 다 영혼을 살해하는 것입니다. 본이 되지 못한 생활로 다른 사람을 타락시키는 것도 간접 살인이 됩니다. 어떤 사람은 "나는 예수 믿고 싶은 데 아무개 하는 것 보니 예수 못 믿겠다."고 끝까지 예수님을 믿지 않고 그 영혼이 멸망한다면 이것 역시 간접 살인이 됩니다. 물론 변명으로 말하는 사람도 있을 것입니다. 그러나 나의 신앙생활이 좋은 본을 보여 주지 못함으로 해서 다른 사람의 영혼이 구원받지 못한다면 그 사람의 영혼을 죽이는 것입니다.

예수님은 말씀하셨습니다. "누구든지 나를 믿는 이 소자 중 하나를 실족케 하면 차라리 연자 맷돌을 그 목에 달리우고 깊은 바다에 빠뜨리우는 것이 나으니라"(마태복음 18:6).

우리는 자신의 모든 생활에서 결코 다른 사람을 타락시키는 사람이 되지 말고, 하나님의 영광을 나타내고 생명의 복음을 전해 주는 영혼을 구원하는 사람이 됩시다.

복음을 전하지 않으면 간접 살인이 됩니다. 사도 바울은 열심히 복음을 전했습니다. 그렇기 때문에 사도 바울은 "소아시아에 사는 모든 사람의 피에 대하여 깨끗하다"고 했습니다.

이단을 전하는 것은 살인입니다. 올바른 신학이 있는 교회는 살아 있는 교회입니다. 그렇지 않은 교회는 죽은 교회입니다. 하나님을 바로 알지 못하게 하고 하나님의 말씀을 바로 가르치지 않는 자들이 바로 이단입니다. 여기에는 구원이 없습니다. 여기에 속한 모든 사람들은 모두 영적으로 병들고 죽어갑니다.

참 복음을 전하지 않는 것도 간접 살인입니다. 성경은 말씀합니다. "가령 내가 악인에게 말하기를 너는 꼭 죽으리라 할 때에 네가 깨우치지 아니하거나 말로 악인에게 일러서 그 악한 길을 떠나 생명을 구원케 하지 아니하면 그 악인은 그 죄악 중에서 죽으려니와 내가 그 피 값을 네 손에서 찾을 것이고"(에스겔 3:18).

미국 연합 장로교회에서 성경이 금하는 호모섹스, 즉 동성연애를 하는 사람을 목사로 안수하도록 결정을 했습니다. 그 이유는 "호모섹스를 하는 사람들을 구하기 위해서는 복음을 전해야 한다. 그러므로 호모섹스를 하는 목사가 필요하다."는 것입니다. 만약 이런 논리를 적용한다면 살인범에게 복음을 전하기 위해서는 살인 경험이 있는 사람을 목사로 세워야 되고, 창녀들에게 복음을 전하기 위해서는 창녀들을 목사로 세워야 하고, 도박군들에게 복음을 전하기 위해서는 도박군들을 목사로 세워야 하고, 마약복용자들에게 복음을 전하기 위해서는 마약을 복용했던 경험자들을 목사로 세워야 하고, 술꾼들에게 복음을 전하기 위해서는 술꾼들을 목사로 세워야 된다는 억지 논리가 만들어지지 않겠습니까?

우리는 하나님 중심의 신학을 가르쳐야 하고, 성경중심의 신학을 가르쳐야 하고, 교회 중심의 온전한 신학으로 하나님의 말씀을 전파해야 합니다.

성도 여러분, 우리에게는 올바른 신학과 말씀을 주셨습니다. 그러므로 전도와 선교를 게을리 해서는 안됩니다. 전도를 받지 않고 죽은 자에 대해서 우리가 하나님 앞에 책임을 추궁 당하지 않아야 합니다.

주님은 우리에게 천하 만민에게 복음을 전하라고 말씀하셨습니다. "또 가라사대 너희는 온 천하에 다니며 만민에게 복음을 전파하라"(마가복음 16:15), "오직 성령이 너희에게 임하시면 너희가 권능을 받고 예루살렘과 온 유대와 사마리아와 땅 끝까지 이르러 내 증인이 되리라 하시니라"(사도행전 1:8), "그러므로 너희는 가서 모든 족속으로 제자를 삼아 아버지와 아들과 성령의 이름으로 세례를 주고"(마태복음 28:19).

성도 여러분, 전도는 하나님의 사랑의 구체적인 표현입니다. 천하보다 귀한 영혼을 주님 앞으로 인도해 내는 것이 그 영혼을 영원히 살리는 길임을 알고 최선을 다하여 복음을 전하는 성도가 됩시다.

3) 허용된 살인이 있습니다.

①국법에 의한 사형입니다(capital punishment).

사람은 하나님의 형상대로 창조되었습니다. 그러므로 사람 속에는 하나님의 인격과 하나님의 생명이 존재합니다. 따라서 생명을 빼앗아 간 사람의 죄는 용납할 수 없습니다. 성경은 말씀합니다. "무릇 사람의 피를 흘리면 사람이 그 피를 흘릴 것이니 이는 하나님이 자기 형상대로 사람을 지었음이니라"(창세기 9:6).

하나님이 주신 생명을 파괴하고 하나님의 형상을 파괴한 사람은 마땅히 벌을 받아야 합니다. 더 이상의 범죄를 막기 위해서는 형벌이 불가피합니다. 그래서 사형제도가 있는 것입니다. 물론 사형제도가 점점 폐지되어 가는 곳이 많아지고 있습니다. 그러나 지은 죄에 대한 정당한 대가를 지불하는 사형제도는 살인이 아닙니다. 국법에 의해 허용된 살인입니다.

②음식, 의류 등 다른 유용한 목적을 위해 짐승 등을 죽이는 것은 허용된 살인입니다.
성경은 말씀합니다. "무릇 산 동물은 너희의 식물이 될지라 채소같이 내가 이것을 다 너희에게 주노라"(창세기 9:3).

하나님은 노아의 가족들에게 짐승을 먹도록 허락하셨습니다. 구약 시대에는 모든 제사 때에 양, 비둘기, 짐승 중에서 제물을 바치게 했습니다. 예수님도 어린양을 잡아서 유월절을 지켰습니다. 다윗 역시 자기의 목장을 침입하는 맹수들을 죽였습니다.

③과실 치사의 경우도 살인이 아닙니다.
"사람이 아무 악이든지 무릇 범한 죄는 한 증인으로만 정할 것이 아니요 두 증인의 입으로나 세 증인의 입으로 그 사건을 확정할 것이며"(신명기 19:15)라고 성경은 말씀합니다.

고의가 아닌 실수로 사람을 죽였을 때는 도피성으로 피하여 생명을 유지하도록 허락하셨습니다. 오살한 자가 대제사장이 살아있을 동안에는 도피성에서 지내다가 대제사장이 죽으면 살인 누명을 벗고 성 밖으로 나오게 됩니다.

④전쟁터에서 죽이는 것도 살인이 아닙니다.
평화와 정의를 위해 싸움을 할 수 있습니다. 전쟁은 자기의 생명, 가정, 자녀를 지키기 위해서 불가피 한 것입니다. 교회와 자유를 지키고, 신앙을 파괴로부터 지키기 위해서 할 수 있습니다.

구약 성경에도 전쟁 기록이 많이 나옵니다. 아브라함은 318명의 군사를 이끌고 그돌라오멜 다섯 왕의 연합군을 쳐서 조카 롯과 그의 식구들을 구원했습니다. 기드온은 300명의 특공대를 이끌고 미디안 대군을 격파했습니다. 하나님께서 이 전쟁의 배후에서 섭리하심으로 승리를 주셨습니다. 전쟁터에서 적군을 죽이는 것은 살인이 아닙니다.

⑤정당방위가 있습니다.
자기의 가족을 몰살하려고 달려드는 흉악범은 우리가 어쩔 수 없이 막아야 합니다. 이런 경우에는 정당방위가 됩니다. 정당방위를 살인으로 취급할 수는 없습니다.

성경은 증거합니다. "도적이 뚫고 들어옴을 보고 그를 쳐죽이면 피 흘린 죄가 없으나"(출애굽기 22:2). 성경에서도 도적을 죽이는 것은 정당방위라고 말씀합니다.

그러나 우리는 이런 일이 일어나지 않도록, 그리고 시험에 들지 않도록 늘 하나님 아버지께 기도해야 합니다. 전쟁이 일어나지 않도록 평화를 위해서 기도해야 합니다. 불미스런 일들이 일어나지 않도록, 그리고 시험에 빠지지 않도록 기도해야 합니다.

⑥하나님께서 심판하신 것은 살인이 아닙니다.

하나님은 창조자요 심판자이십니다. 하나님은 악인들을 심판하시어 그 생명을 거두어 가십니다. 성경에는 하나님의 진노를 받아 죽임을 당한 고라 자손들을 비롯한 많은 악인들이 있습니다. 이것은 하나님의 주권적인 심판이므로 우리는 아무런 말을 할 수 없습니다.

3. 살인의 동기는 무엇입니까?

1) 분노에서 옵니다.

성경은 말씀합니다. "내 혼아 그들의 모의에 상관하지 말지어다 내 영광아 그들의 집회에 참여하지 말지어다 그들이 그 분노대로 사람을 죽이고 그 혈기대로 소의 발목 힘줄을 끊었음이로다"(창세기 49:6).

분노는 살인의 첫 걸음입니다. 심리학자들은 "그 사람을 죽일 때 그는 이미 분노로 정신을 잃었을 때였다"고 진단합니다. 살인은 앞뒤를 가리지 않고 화를 내고 분노할 때에 일어납니다.

60세가 넘은 시골의 한 농부가 밤 10시가 넘도록 논에 물을 대고 돌아왔습니다. 그런데 이튿날 그 논에 나가보니 이웃 사람이 자기의 논에서 물을 몽땅 빼어서 자기 논에 채워 놓은 것이었습니다. 말다툼이 일어났습니다. 나중에는 언성이 높아지고 싸움이 붙었습니다. 화가 나서 호미를 들고 그 사람의 머리를 쳤는데 죽고 말았습니다. 농부는 재판정에서 사형을 구형 받았습니다. 결국 무기 언도를 받고 나중에 20년형으로 감형되었습니다.

살인은 분노에서 나옵니다. 우리는 끝까지 분노를 억제해야 합니다.

위대한 알렉산더 대왕도 분노로 인해 천추의 한을 남기는 실수를 했습니다. 한 번은 술자리에서 자기의 친구인 부하 한 사람이 비위를 거슬리는 말을 했습니다. 알렉산더 대왕은 화가 나서 그 부하를 창으로 찔러 죽이고 말았습니다. 그는 두고두고 후회했으나 이미 돌이킬 수 없었습니다. 역사가는 기록하기를 "알렉산더 대왕이 세계는 다스릴 줄 알았으나 자기 자신은 다스릴 줄 몰랐다"고 말했습니다.

그러나 사마리아 사람들이 복음을 받아들이지 않으므로 예수님의 제자인 요한과 야고보는 '하늘에서 불이 내려 태워죽도록 기도하자'는 불같은 성격의 사람들로써, 그들의 별명은 우뢰의 아들이었습니다. 그러나 그들은 성령으로 변화되어 사랑의 사도가 되었고, 주님을 위하여 순교의 첫 제물이 되었습니다. 우리는 성령이 충만함으로 분노를 이겨야 합니다.

2) 시기와 질투에서 일어납니다.

가인은 동생 아벨의 제물은 하나님께 열납되고 자기의 것은 거부당하자 시기와 질투로 동생을 쳐죽였습니다. 서기관과 바리새인, 제사장들은 예수님을 시기하고 질투하여 결국 십자가에 달리게 했습니다. 성도들끼리 지나친 시기나 질투는 삼가야 합니다.

3) 증오와 미움입니다.

증오와 미움이 점점 커지면 살인을 하게 됩니다. 화가 자주 나면 미움이 되고 나중에는 피를 보게 됩니다.

예수님은 미워하는 것이 곧 살인하는 것이라 했습니다.

성도 여러분, 그러므로 우리는 늘 성령의 인도하심을 받아야 합니다. "성령께서 우리를 지배해 주셔서 분노와 시기, 그리고 질투와 증오에서 벗어나게 해 주소서." 하고 기도합시다.

4. 어떻게 이 계명을 지킬 수 있습니까?

1) 영혼을 존중해야 합니다.

유물론자들은 인간의 생명을 하나의 물질로 취급합니다. 그래서 필요하면 살리고 필요가 없으면 죽여버립니다. 우리의 영혼은 하나님의 형상대로 창조함을 받았습니다. 우리는 우리의 영혼이 세상 그 무엇과도 바꿀 수 없는 무한한 가치가 있음을 알고 존중해야 합니다.

2) 회개하는 생활을 해야 합니다.

사랑을 실천하지 못하고 미워하는 것을 항상 고백하고 회개해야 합니다. 성경은 가르칩니다. "만일 우리가 우리 죄를 자백하면 저는 미쁘시고 의로우사 우리 죄를 사하시며 모든 불의에서 우리를 깨끗케 하실 것이요"(요한일서 1:9).

우리는 먼저 나 자신을 살펴보고 회개해야 합니다. 항상 내 영혼을 맑고 깨끗하게 해야 합니다.

3) 마귀를 대적해야 합니다.

성경은 말씀합니다. "그런즉 너희는 하나님께 순복할지어다 마귀를 대적하라 그리하면 너희를 피하리라"(야고보서 4:7).

마귀는 미움과 감정, 시기와 질투, 그리고 분노를 가져오게 합니다. 그러므로 마귀를 대적해야 합니다. 마귀와의 영적 전쟁에 이기기 위해서는 기도와 말씀으로 무장해야 합니다.

4) 하나님의 크신 사랑을 묵상해야 합니다.

하나님이 우리에게 베푸신 사랑과 은혜는 너무도 크고 놀랍습니다. 죄인인 우리에게 베푸신 주님의 크신 사랑을 묵상하면 우리의 마음은 은혜와 사랑으로 충만하게 됩니다.

1. 나 같은 죄인 살리신 주 은혜 놀라와
   잃었던 생명 찾았고 광명을 얻었네
2. 큰 죄악에서 건지신 주 은혜 고마와
   나 처음 믿은 그 시간 귀하고 귀하다
3. 이제껏 내가 산 것도 주님의 은혜라
   또 나를 장차 본향에 인도해 주시리
4. 거기서 우리 영원히 주님의 은혜로
   해처럼 밝게 살면서 주 찬양 하리라

5) 사랑을 실천해야 합니다.

좋지 못한 선입견을 버리고 미워하려고 하지말고 사랑하려고 노력해야 합니다. 사랑을 받으려고만 하지말고 사랑을 주려고 해야 합니다. 이 사랑을 말로만 하는 것이 아니라 실천에 옮겨야 합니다.

강도를 만나 쓰러져 죽어 가는 사람을 보았을 때 사랑을 말로만 외치던 제사장과 레위인처럼 피하여 도망가지 말고, 직접 환

자에게 다가가 사랑을 행동으로 보여준 어떤 사마리아인처럼 자비를 베풀어야 합니다. 성경은 말씀합니다. "사랑하는 자들아 우리가 서로 사랑하자 사랑은 하나님께 속한 것이니 사랑하는 자마다 하나님께로 나서 하나님을 알고 사랑하지 아니하는 자는 하나님을 알지 못하나니 이는 하나님은 사랑이심이라"(요한일서 4:7-8).

살인을 막을 수 있는 가장 위대하고 강력한 무기는 사랑입니다. "살인하지 말라"는 제 6계명을 가장 훌륭하게 수행할 수 있는 것은 바로 아가페 사랑을 실천하는 것입니다.

한 성도가 기독교를 핍박할 때에 순교를 당하게 되었습니다. 그는 거룩한 죽음을 앞두고 이렇게 고백했습니다. "나를 저주하십시오. 당신들이 나를 저주하면 할수록 나는 더욱 당신들을 사랑할 것입니다. 내게 침을 뱉어 보십시오. 그러면 나는 사랑의 숨결을 뿜어낼 것입니다. 나를 구타하십시오. 나는 신음소리로 사랑을 고백할 것입니다. 나를 찌르십시오. 나는 사랑한다고 절규할 것입니다. 나를 짐승의 먹이로 던지십시오. 나는 사랑의 제물이 될 것입니다. 나를 불태우십시오. 그러면 나는 사랑의 열기로 당신의 증오의 가슴을 녹일 것입니다."

사랑하는 성도 여러분!
하나님의 사랑을 받은 자만이 그 사랑을 실천할 수 있으며 이 사랑이 제 6계명을 완성할 수 있습니다. 아멘.

제7계명

간음하지 말지니라

제 7 계명

간음하지 말지니라
(출애굽기 20:14)

우리가 살고 있는 이 땅에는 여러 가지 심각한 위기가 있습니다. 식량 위기, 경제 위기, 테러, 핵무기의 위기, 인구 문제, 환경 위기가 있습니다. 그러나 더 심각한 위기는 성도덕의 위기입니다.

현대를 흔히 3S시대라고 합니다. Science(과학), Sports(운동), Sex(성)을 말합니다. 이들은 무서운 파괴력을 가지고 있는데 그 중 가장 강력한 종교는 성의 종교라 할 수 있습니다. 오늘날 이 성은 예술이라는 옷으로 포장되고 쾌락이라는 매력을 가지고 문학, 예술, 정치, 사회, 언론, 상업 등에 침투하여 사람들을 포로로 만들어 가고 있습니다.

성 문제로 인하여 이혼하는 가정과 미혼모의 수, 부모를 모르고 태어나는 아이들도 점점 더 많아지고 있습니다. 마귀는 이 성이란 도구를 이용하여 사회를 어지럽히고 부패시키고 있습니다.

이것은 가정, 사회, 심지어 교회 안에까지 침투하고 있습니다.

    우리 하나님은 성을 신성시하셨습니다. 하나님은 결혼을 축복하시고 가정을 거룩하게 만드셨습니다. 가정과 사회를 보호하고 지키기를 원하시는 하나님은 모세에게 "간음하지 말지니라"(출애굽기 20:14)는 제 7계명을 주셨습니다. 이 7계명은 우리의 영혼과 가정과 사회를 보호하기 위한 하나님의 공의와 사랑의 법칙입니다.

1. 간음이란 무엇입니까?

    나합(נאף)은 '기혼자가 자기의 남편이나 아내 이외의 이성과 맺는 불법적인 성관계를 말합니다. 좀더 광범위하게 말하면 모든 종류의 성범죄, 즉 강간, 남색, 수음, 동성 연애, 매음 행위, 혼전 성 관계 등을 포함합니다. 이 단어는 모든 성의 남용, 오용 혹은 악용과 관계되는 모든 유형의 성행위와 관련되어 사용된 단어입니다.

    옛날 헬라 사람들은 "고린도 사람이 되어라"(korinthenai)는 말을 했는데 그 뜻은 "음란한 자가 되어라"는 욕이었습니다. 그 당시 고린도에서는 아주 심각한 음란 행위가 있었습니다. 그러나 오늘날 세계 곳곳마다 도시의 구석구석에 옛날 고린도 사람들이나 소돔과 고모라를 뺨치는 일들이 얼마나 조직적으로 광범위하게 일어나고 있습니까?

오늘날은 미혼 여성들이 피임약을 휴대하고 다니는 것이 일반화되고 있는 시대입니다. 혼전 성행위를 예사로 여기고, 결혼 밖의 성행위와 혼외 결혼생활 등이 성행하고 있습니다. 순결한 배우자를 택하는 것이 점점 더 어려워지고 있습니다.

물론 간음하지 말라는 것은 육적인 간음을 금한 것이지만 영적인 간음도 경고하고 있음을 알아야 합니다. 즉 하나님보다 다른 것을 더 사랑하는 것이 영적인 간음입니다. 하나님은 우리에게 하나님만을 섬기고 사랑하기를 요구하십니다. 하나님을 버리고 다른 우상에게 절하고 섬기는 것은 신앙의 순결을 버리는 것이요 영적 간음이 됩니다.

십계명은 크게 두 부분으로 나뉩니다. 첫 부분은 1계명에서 4계명까지로 하나님만을 사랑하라는 내용이고, 두 번째 부분은 5계명에서 10계명까지로 사람을 사랑하라는 내용입니다. 그러나 사람을 사랑하는 것 역시 하나님을 사랑하는 것이 되고, 하나님을 사랑할 때 이웃 사랑이 가능합니다. 간음하는 것은 사람을 사랑하는 것이 아닙니다. 동시에 영적 간음은 하나님을 사랑하지 않고 다른 신을 섬기는 것입니다. 하나님보다 더 사랑하는 것은 영적 간음입니다.

우리는 종종 영적 간음을 범합니다. 하나님보다 세상의 물질을 더 좋아하면 바로 영적 간음입니다. 우리가 세상의 명예를 하나님보다 더 사랑하고, 세상의 인기를 더 좋아한다면 영적 간음입니다. 그리고 주일에 스포츠 때문에 예배를 드리지 못한다면 스포츠 역시 영적 간음이 됩니다. 하나님을 섬기는 것보다 더 좋아하고 끌려가는 것은 다 영적 간음입니다.

성도 여러분, 우리의 생명의 창조자요 우리의 가정을 창조해 주신 하나님께서 명령하신 제 7계명을 잘 기억하여 육적인 간음은 물론 영적인 간음도 멀리하고, 오직 전심으로 하나님만을 사랑하는 성도가 됩시다.

2. 왜 간음을 해서는 안 됩니까?

1) 하나님을 모욕하는 것이기 때문입니다.

하나님은 우리에게 간음하지 말라고 명령하셨습니다. 이것을 어기는 것은 신하가 왕의 명령을 잊어버리고 왕의 목전에서 모욕하는 것과 같습니다. 간음은 삼위일체 하나님을 모욕하는 것입니다.

①간음은 성부 하나님을 모욕하는 것입니다.
왜냐하면 하나님은 우리에게 귀한 생명을 주셨습니다. 그런데 이 귀한 생명을 헛되이 하고, 세월을 죄 짓는 일에 다 허비한다면 재산과 건강과 하나님의 자비를 마귀를 위해서 사용하는 것이 되기 때문입니다.

②간음은 성자 하나님께 대한 부정한 행위입니다.
왜냐하면 우리 주 예수 그리스도는 십자가에서 피 흘려 자신

의 생명을 값으로 지불하여 우리를 사셨습니다. 우리의 더러운 죄를 깨끗이 해 주셨습니다. 성경은 말씀합니다. "값으로 산 것이 되었으니 그런즉 너희 몸으로 하나님께 영광을 돌리라"(고린도전서 6:20).

이제 우리는 내 것이 아니라 그리스도의 것이 되었습니다. 그런데 그리스도의 허락도 없이 타인에게 가는 것은 죄가 됩니다. 우리는 그리스도의 지체가 되었습니다. 그러므로 그리스도의 지체인 우리가 창기의 지체를 만들고 간음 행위를 한다는 것은 그리스도에 대한 모욕이요 부정한 일이 됩니다.

③간음은 성령 하나님께 대한 부정한 행위입니다.
우리의 몸은 성령의 전입니다. 성경은 말씀합니다. "너희 몸은 너희가 하나님께로부터 받은 바 너희 가운데 계신 성령의 전인 줄을 알지 못하느냐 너희는 너희의 것이 아니라"(고린도전서 6:19).

그의 성전을 더럽히는 것이 얼마나 큰 죄입니까? 따라서 간음은 성부, 성자, 성령, 삼위일체 하나님을 모욕하는 큰 죄임을 우리는 명심해야 합니다.

2) 간음은 우리 자신을 파괴하기 때문에 금합니다.

성경은 말씀합니다. "부녀와 간음하는 자는 무지한 자라 이것을 행하는 자는 자기의 영혼을 망하게 하며"(잠언 6:32).

간음은 우리의 육체만 파괴하는 것이 아니라 우리의 영혼까지도 파괴합니다. 성경은 말씀합니다. "음행과 묵은 포도주와 새 포도주가 마음을 빼앗느니라"(호세아 4:11). 또한 바울 사도는 "음행을 피하라 사람이 범하는 죄마다 몸 밖에 있거니와 음행하는 자는 자기 몸에게 죄를 범하느니라"(고린도전서 6:18)고 말합니다.

건강한 사람이라도 이 죄에 빠져 들 때면 모든 순결과 젊음을 다 상실해 버리게 됩니다. 하나님을 섬기던 육체는 죄악의 덩어리로 변하고, 하나님께 예배드리고 기도하기를 힘쓰던 영혼은 죄악에 빠져 들어가게 됩니다. 이 때에 남는 것은 육체의 병과 정욕의 노예가 되는 것뿐입니다.

간음은 우리 자신을 파괴합니다. 간음은 재물을 소모하고 몸과 명성과 마음과 영혼을 파괴합니다. 간음은 육체의 병을 가져옵니다. 간음은 후손들에게까지 미쳐서 죄악의 씨앗이 되어 후손들에게 남겨줌으로 마음껏 뻗어나가야 할 자녀들의 장래를 막아버립니다. 간음은 행복을 꿈꾸는 젊은이들의 미래 생활을 어둡게 막아버립니다. 학생들의 학업이 정지되어 버립니다. 간음은 하나님과 교회로부터 멀어지게 하고 결국 육신과 영혼을 파괴하는 무서운 죄악임을 우리는 기억해야 합니다.

3) 간음은 가정을 파괴하기 때문에 금합니다.

제 7계명의 주요 목적은 결혼의 신성이요 가정의 보호입니다.

하나님께서 교회의 제도 보다 가정의 제도를 먼저 주셨습니다. 그러므로 가정의 제도는 신성해야 합니다. 이 가정의 결백과 순수성이 교회의 순수성과도 연결되어 있습니다.

유대인들의 전설 가운데 "게헨나, 즉 지옥에서 돌아올 수 없는 세 가지 죄가 있다."고 했습니다. 첫째는 공중 앞에서 형제를 부끄럽게 한 죄요 둘째는 모욕적인 별명으로 형제를 부른 죄요 셋째는 간음한 죄입니다.

예수님은 이혼에 대한 가르침에서, 이혼이 가능한 경우는 상대편 즉 남편이나 아내가 간음을 했을 때에 가능하다고 했습니다. 결혼은 하나의 계약입니다. 한 남자와 한 여자의 계약이므로 한편에서 그 계약을 어겼을 때는 그 계약을 이행할 필요가 없게 됩니다. 그러나 사도 바울은 할 수만 있다면 용서하고 이혼하지 않는 것이 좋다고 했습니다. 우리가 여기에서 알아야 할 것은 간음은 가정을 파괴하고 만다는 무서운 사실입니다.

미국에서는 주말이 되면 친구들이 부부 동반으로 산장 등지로 놀러가서 부부를 서로 바꾸어서 잠을 자는 모임이 있다고 하는데 그 결과는 결국 이혼으로 끝나 가정이 파괴된다고 합니다. 또 부부가 정식으로 합의해서 부부끼리 서로 상대를 바꾸어 1개월 정도 같이 살아본 후에 다시 원래의 남편과 아내를 찾아가는 것도 있는데 그 결과 또한 이혼으로 끝난다 합니다. 결국 가정이 파괴됩니다. 그런가 하면 실험 결혼도 있다고 합니다. 6개월 간 함께 살아보거나, 1년 간 동거해 본 후에 성격과 이상이 맞으면 결혼한다는 것입니다. 이런 경우의 결과 또한 확연합니다.

독일 함부르크 지방과 화란 암스테르담 근처에는 인육시장이 있다고 합니다. 거기에는 여인이 나체로 쇼 윈도우 안의 의자에 앉아있고, 남자들은 쇼 윈도우 안의 여자들을 구경하고 여자를 선택한다고 합니다. 그런데 그 여자들은 돈이 없어서 인육 시장에 앉아있는 것이 아니라 쾌락을 얻기 위해서 그런 행위를 한다고 합니다.

이들은 가정의 순결을 잃어버린 지 오래된 사람들입니다.

간음을 인하여 가정을 파괴하는 것은 하나님 앞에서 죄를 범하는 것입니다. 믿음의 왕 다윗도 밧세바와의 간음 결과 그의 가정에는 평생동안 칼이 떠나지 않는 고통을 받아야 했습니다. 간음은 가정을 파괴하는 것이므로 금합니다.

4) 간음은 사회를 파괴하기 때문에 금해야 합니다.

간음은 한 개인뿐만 아니라 공동체에 미치는 영향이 심각하므로 사회적인 죄가 됩니다. 한 유명한 기독교 윤리학자는 "이것은 개인적인 범죄가 아니라 사회적 범죄다(socialism)."라고 했습니다. 소돔과 고모라가 멸망하여 사해바다가 된 것이 무엇 때문입니까? 바로 음행 때문입니다. 폼페이시가 화산폭발로 도시 전체가 파묻힌 것은 무엇 때문입니까? 고고학자들에 의해 발굴된 화석은 그 도시가 얼마나 방탕하고 음란했던가를 보여줍니다.

로마제국의 멸망의 원인이 무엇입니까? 한 역사가는 "로마는 헬라를 힘으로 정복했지만 헬라의 다신 문화와 오염된 성문화가 로마를 정복하고 말았다."고 말했습니다. 거대한 로마세력이 힘으로 헬라제국을 정복했으나 헬라제국의 썩고 부패한 성 문화까지는 점령하지 못했습니다. 오히려 그 속에 빨려 들어가 그들도 망하고 말았습니다.

노아 홍수의 전야는 어떠했습니까? 사람들은 노아의 외치는 하나님의 음성에는 귀를 기울이지 않고 먹고 마시고 장가가고 시집가는데 열심을 다했습니다. 음란과 방탕의 결과 무서운 홍수의 심판을 받고 말았습니다.

성도 여러분, 주님의 나라는 깨끗하고 거룩한 나라입니다. 그러므로 순결한 심령을 가진 자들이 들어갈 수 있습니다. 제 7계명을 어기면서 그 죄악에 빠져있는 사람은 하나님 나라에 참여할 수 없습니다. 성경은 말씀합니다. "불의한 자가 하나님의 나라를 유업으로 받지 못할 줄을 알지 못하느냐 미혹을 받지 말라 음란하는 자나 우상 숭배하는 자나 간음하는 자나 탐색하는 자나 남색하는 자나"(고린도전서 6:9)

하나님은 우리에게 요구하십니다. "내가 거룩하니 너희도 거룩할지어다"(베드로전서 1:16)

성도 여러분, 우리는 이 세상에서 항상 유혹을 받을 수 있습니다. 이 때 우리는 천국을 생각해야 합니다. 그리고 무서운 심판과 지옥의 불을 생각해야 합니다. 그리고 우리는 이런 무서운 사실을 알지 못하는 사람들이 속히 회개하고 거룩한 곳으로 돌아오도록 복음을 전해야 합니다.

3. 성(性)의 선용

성은 다 나쁜 것입니까? 성의 오용은 분명히 잘못된 것입니다. 그러나 성의 선용은 하나님께서 허락하신 것입니다. 성 자체는 죄가 될 수 없습니다. 성은 하나님께서 우리에게 주신 선물입니다.

초대 교회 시대 때 영지주의(Gnosticism)와 스토아 철학(Stoism)에 의해 일어난 이원론 사상은 기독교인들의 성에 대한 이해에 좋지 못한 영향을 미쳤습니다. 그들은 "영혼은 깨끗하다. 그러나 육체는 더럽고 악한 것이기 때문에 성(sex) 생활은 무조건 더러운 것이며 잘못된 것이다."라고 말했습니다. 이것은 잘못된 사고입니다.

하나님은 이 세상을 다 창조하신 후에 아담을 만드셨습니다. 그러나 아담이 혼자 있는 것을 보시고 "사람이 독처하는 것이 좋지 못하다." 하신 후 아담의 배필자인 하와를 직접 만들어 부부로 짝 지워 주셨습니다. 그때 "하나님이 보시기에 심히 좋았더라"고 하셨습니다.

에덴 동산에 남자 혼자 있을 때는 그 동산의 아름다움은 완전치 못했습니다. 에덴 동산은 그 때까지는 아직 미완성품이었습니다. 하나님은 여자를 만드신 후에 가정제도를 마련하시고, 생육하고 번성하고 땅에 충만하라고 축복하셨습니다. 이것은 '성의 선용은 축복'이라는 것을 보여줍니다. 성 자체는 죄가 될 수 없습니다.

　그런데 우리가 살아가는 이 세상에는 여러 가지 유혹이 있습니다.

　예수님은 "나는 너희에게 이르노니 여자를 보고 음욕을 품는 자마다 마음에 이미 간음하였느니라"(마태복음 5:28)고 하셨습니다. 이 말씀은 비단 남자에게 뿐만 아니라 남자와 여자 모두에게 해당되는 말입니다.

　우리는 이 말씀을 잘 이해해야 합니다. 음욕을 품는다는 말은 단순한 호기심이나 충동을 느끼는 것을 말하는 것이 아닙니다. 인간에게 성적인 호기심이 일어나는 것 그 자체는 인간의 정상적이고 건강한 모습입니다. 그런데 비합법적인 방법이나 비성경적인 방법으로 상대 남자와 여자를 소유하려고 하는 구체적인 계획을 계속 마음속에 품는다면 이것은 간음이요 음란죄가 됩니다.

　새가 우리 머리 위를 날아다니는 것을 막을 수는 없습니다. 그러나 내 머리 위에 둥우리를 치고 알을 낳고 새끼를 치는 것은 내가 막을 수 있습니다. 일시적인 호기심을 가질 수는 있으나 계속되는 구체적인 계획이나 시도는 막아야 한다는 것입니다.

그리고 사도 바울은 주 안에서 혼인을 할 때 간음을 막을 수 있다고 했습니다. 주 안에서 같은 신앙으로 만날 때 혼인 후의 비극을 막을 수 있습니다.

성도 여러분, 성은 하나님께서 우리에게 주신 선물이며 깨끗하고 아름다운 것입니다. 그러므로 우리는 이 성을 바르게 사용할 때 제 7계명을 온전히 이룰 수 있음을 알고, 거룩하신 하나님의 자녀답게 거룩하고 순결한 책임과 의무를 다하는 성도가 됩시다.

4. 승리하는 방법

제 7계명을 어떻게 잘 지킬 수 있습니까?

1) 피해야 합니다.

성경은 우리에게 피하라고 가르칩니다. "또한 네가 청년의 정욕을 피하고 주를 깨끗한 마음으로 부르는 자들과 함께 의와 믿음과 사랑과 화평을 좇으라"(디모데후서 2:22)

간음은 싸워야 할 죄가 아니라 피해야 할 죄라는 말이 있습니다. Thomas Watson 목사는 피해야 할 것에 대해 자세히 말하고 있습니다.

①매춘부를 피해야 합니다.- 그 집 문에도 가까이 가지 말라고 했습니다. 요셉은 보디발의 아내를 피하여 도망을 갔습니다. "네 길을 그에게서 멀리하라 그 집 문에도 가까이 가지 말라"(잠언 5:8).

②악한 동무를 피해야 합니다.

③죄짓는 곳을 보는 눈을 피해야 합니다. 음란한 영화, 비디오, 연극, 잡지 등을 멀리해야 합니다.

④음란 패설을 삼가야 합니다.

⑤혼성춤을 피해야 합니다.

한 젊은 여성이 애인이 있음에도 불구하고 다른 남자와 춤을 추다가 순간적인 충동에 이끌려 유혹을 받아 죄를 범하고 말았습니다. 그리고 목사님을 찾아와서 말했습니다. "목사님, 저는 그때 임신하고 말았습니다. 이제 어떻게 하면 좋습니까? 저는 애기를 죽이고 싶지 않아요. 그리고 저는 그 사람을 사랑하지 않습니다. 물론 결혼도 할 수 없어요. 목사님, 저는 어떻게 하면 좋겠습니까?" 혼성춤의 결과가 이렇게 무섭게 나타났습니다.

우리는 청소년, 청년 남녀, 기혼 남녀가 서로 춤추는 것을 조심해야 합니다. 여기서 죄가 발생하고 비극이 초래하게 됩니다. 그러므로 혼성춤을 피해야 합니다.

⑥과식, 과음을 피해야 합니다. 술 취한 다음에 따라오는 죄가 바로 간음죄입니다.

⑦한가한 시간을 피해야 합니다. 다윗왕이 전쟁 중에도 한가하게 왕궁을 거닐다가 한가하게 목욕하고 있는 여인 밧세바를 보고서 범죄 하게 됩니다. 자기가 맡은 일에 충실하여 언제나 부지런히 일하며 분주한 생활을 해야 합니다. 불결한 생각은 게으른 사람에게 찾아옵니다.

제롬은 친구에게 이렇게 권고했습니다. "항상 하나님의 포도밭에서 일하여 마귀의 시험에 들지 않도록 하라."

생활이 어려울 때는 힘써 일하고 노력하느라고 다른 생각을 할 여유가 없이 바쁘게 살아갑니다. 그러나 돈을 모으고 생활이 안정되고 시간의 여유가 있어 한가하게 되면 죄짓는 곳을 향해 발걸음을 옮기는 사람들이 얼마나 많습니까? 마귀는 그런 사람들을 노립니다. 이제 '좀 그만 쉬자'는 생각은 위험합니다. 마귀에게 자신을 노출시키는 것이 됩니다.

우리는 좀더 적극적으로 지금까지 축복해 주신 것에 대해 감사하고, 지금까지의 지식과 경험과 노하우와 물질로써 하나님과 선한 일을 위하여 얼마든지 봉사할 수 있습니다. 우리는 항상 연구하고 봉사하는 자세, 그리고 일하고 섬기는 자세를 가져야 합니다. 이것이 마귀를 이기는 적극적인 자세요, 제 7계명을 온전히 지킬 수 있는 지혜로운 길임을 마음에 새기고, 주님이 우리에게 맡겨 주신 시간을 최선을 다하여 선용하는 성도가 됩시다.

2) 가정을 소중히 여겨야 합니다.

부부사이의 사랑의 결속이 중요합니다. 결혼은 단순히 육체의 결합이 아닌 전인적인 결합입니다. 남편과 아내, 부모와 자녀를 소중히 여겨야 합니다.

세계의 대 재벌이었던 폴 게티는 자기가 가진 많은 재산으로 아내를 다섯 번이나 바꾸었으나 사랑에는 실패자가 되었습니다. 그는 "내가 만약 단 두 달 동안만이라도 가정의 행복을 가질 수만 있다면 나의 재산을 다 쏟겠다."고 말했습니다.

성경은 가정을 신성시하고 있습니다. 바울 사도는 남편들은 아내에 대한 의무를 다하고 아내들은 그 남편에 대한 의무를 다해야 한다고 했습니다. 이것은 부부간의 성에 대한 의무를 말하는 것입니다. 성경은 "아내들이여 자기 남편에게 복종하기를 주께 하듯 하라"(에베소서 5:22), "남편들아 아내 사랑하기를 그리스도께서 교회를 사랑하시고 위하여 자신을 주심같이 하라"(에베소서 5:25)고 가르칩니다.

남편은 아내를 사랑하고 아내는 남편에게 순종해야 합니다. 이 사랑과 순종은 완전한 것을 목표로 합니다. 그런데 남편과 아내는 서로 요구만 하게 되면 불평이 나올 수밖에 없습니다.

그러나 우리는 잘 생각해야 할 것이 있습니다. 남편은 아내를 향하여 예수 그리스도께서 십자가에 달려 죽으시기까지 교회를 사랑하셨던 그 완전한 사랑을 위해 달려가야 합니다. 아내도 남편을 향해서 기독교 역사상 그 어렵고 숱한 환난과 핍박 속에서도 주를 향하여 복종한 교회의 그 순종을 남편에게 할 수 있도록 달려가야 합니다.

성도 여러분, 우리는 하나님께서 주신 가정을 소중히 여기고, 사랑과 순종의 띠로 결속된 부부 관계를 유지함으로 제 7계명을 이루어 가는 성도가 됩시다.

3) 하나님을 경외하는 생활을 해야 합니다.

성경은 말씀합니다. "인자와 진리로 인하여 죄악이 속하게 되고 여호와를 경외함으로 인하여 악에서 떠나게 되느니라"(잠언 16:6).

사탄은 항상 성도를 유혹하여 영혼과 가정을 파괴하려고 합니다.

①우리는 이런 유혹이 찾아올 때에 하나님은 계시지 않는 곳이 없음을 기억해야 합니다.

하나님은 모든 장소 어떤 때에나 우리와 함께 하신다는 하나님의 임재를 깨달아야 합니다. 버나드는 거룩한 경외심을 "영혼의 문지기"라고 했습니다. 믿음의 사람 요셉이 주인 여자의 유혹을 이길 수 있었던 것은 바로 그 곳에 임재하시는 하나님에 대한 경외심 때문이었습니다. "내가 어찌 이 큰 악을 행하여 하나님께

득죄하리이까?"라는 요셉의 고백이 이 시험을 이기게 한 것입니다.

②말씀과 기도의 생활을 살아야 합니다.

우리가 거룩한 생활을 하려면 말씀과 기도의 두 수레바퀴를 가져야 합니다. "하나님의 말씀과 기도로 거룩하여짐이니라"(디모데전서 4:5).

크리스소톰은 하나님의 말씀을 정원에 비유했습니다. 우리가 정원을 거닐면서 단맛을 얻으면 금단의 열매는 따지 않을 것이라고 했습니다. 우리가 하나님의 말씀을 기뻐하며 말씀의 단맛을 늘 간직하면 범죄하지 않게 됩니다.

어거스틴은 "성경은 나의 순수한 기쁨이다."라고 말했습니다.

성경은 말씀합니다. "청년이 무엇으로 그 행실을 깨끗케 하리이까 주의 말씀을 따라 삼갈 것이니이다 내가 전심으로 주를 찾았사오니 주의 계명에서 떠나지 말게 하소서 내가 주께 범죄치 아니하려 하여 주의 말씀을 내 마음에 두었나이다"(시편 119:9-11).

성도 여러분, 우리의 심령을 말씀과 기도로 새롭게 할 때에 우리는 승리의 생활을 할 수 있습니다. 우리는 매일 경건의 시간을 가져야 합니다. 내 영혼이 매일 말씀으로 배부르고, 매일 기도로 호흡하여, 매일 새로운 힘을 공급받아 마귀와 싸워 능히 이김으로 모든 죄악을 물리치는 강하고 튼튼한 성도가 되기를 바랍니다.

5. 그러면 이미 범죄한 사람은 어떻게 해야 합니까?

순간적인 실수로 또는 자신도 모르는 사이에 유혹을 받아서, 그리고 연약함으로 이미 간음죄를 범한 사람은 어떻게 해야 합니까? 그 길은 오직 하나입니다. 주 예수 앞에 나와서 진실하게 회개하는 것입니다. 우리 주님은 주님 앞에 진실하게 회개하며 통회하는 자에게 모든 것을 용서해 주십니다. 유일한 처방은 주 예수 앞에 나오는 것입니다. 모든 죄를 주님 앞에 고백하고 죄를 끊어버리겠다는 결단을 하고 주님께 용서를 구하면, 우리 주님은 깨끗이 용서해 주시고 마음에 평안을 주십니다.

요한복음 8장에는 간음하다가 현장에서 잡혀 끌려온 여인의 이야기가 나옵니다. 모든 사람들이 이 여인을 욕하며 율법에 따라 돌로 쳐죽여야 한다고 할 때에 주님은 그 여인을 불쌍히 여기며 말씀하셨습니다. "너희 중에 죄 없는 자가 먼저 돌로 치라." 이것은 주님의 판결입니다. 그 때에 모든 사람이 양심에 가책을 받고 물러섰습니다. 이때 주님은 "나도 너를 정죄하지 아니하노니 가서 다시는 죄를 범치 말라"(요한복음 11:8) 고 그 여인에게 말씀하셨습니다. 주님은 이 여인의 죄를 100% 용서해 주셨습니다.

전설에 의하면 이 날에 용서받은 여인은 후에 완전히 새 사람이 되어, 주님이 십자가에 못 박히실 때에 다른 제자들은 다 도망갔으나 그 여인은 끝까지 예수님을 따라갔다고 합니다. 그리고 사흘째 되던 날 새벽에 일찍 예수님의 시신에 향유를 뿌리기 위해서 무덤을 찾아갔으며, 부활의 주님을 만난 후에는 평생동안 주님의 십자가를 바라보고 부활의 증인이 되었다고 합니다.

주님은 어떤 죄인이라도 회개하고 돌아오면 용서해 주십니다. 회개하면 모든 죄를 용서받을 수 있습니다. 그리고 새로운 삶, 깨끗하고 정결한 삶을 살아가면 됩니다.

성도 여러분, 우리는 주 예수 그리스도의 십자가의 피로 깨끗함을 받은 거룩한 백성입니다. 우리의 삶은 이제 거룩한 길을 향하여 걸어가야만 합니다.

어느날 어거스틴이 거리를 거닐고 있을 때에 그가 젊은 시절 방탕한 생활을 하던 시절에 알게 되었던 한 여인을 만났습니다. 그 때 어거스틴은 그 여인을 피했습니다. 그러나 그 여인은 "나 예요. 나." 하며 계속 따라왔습니다. 그 여자를 피하기만 하던 어거스틴은 이렇게 말했습니다. "너는 너이지만 나는 내가 아니다." 그렇습니다. 어거스틴은 회개하고 변하여 새 사람이 되었습니다.

성도 여러분, 이제 우리는 하나님의 거룩한 산 제물로 바쳐야 합니다. 거대한 파도와 같이 밀려오는 죄악의 세상 속에서 우리 자신의 몸과 영혼과 가정을 지켜야 합니다. 그러기 위해서는 모든 죄의 요소와 영향권에서도 피해야 합니다. 우리의 가정을 소중히 여겨야 합니다. 하나님의 임재를 항상 기억해야 합니다. 말씀과 기도로 무장하여 하나님을 경외해야 합니다. 그리고 주 예수 그리스도 앞에 나와 모든 죄를 고백하여 죄 용서함을 받고, 새로운 결심으로 살아가야 합니다.

사랑하는 성도 여러분!
우리 모두 우리의 평생동안 구속받은 하나님의 백성으로서 제7계명을 잘 수행하여 하나님께 우리의 몸을 거룩하고 의로운 제물로 바칩시다. 그래서 우리 자신은 물론 우리의 자손들에게 순결한 믿음과 가정과 하늘나라의 유업을 물려주는 삶을 살아가는 성도가 됩시다. 아멘.

제 8 계명

도적질 하지 말지니라

제 8 계명

도적질하지 말지니라
(출애굽기 20:15)

　하루는 닭과 개가 싸움을 하다가 밤의 여신인 달님에게 재판을 받으러갔습니다. 닭이 개를 고발했습니다. "이 개는 최근에 도적을 봐도 짖지 않으니 이 개가 책임을 다하지 못합니다." 개가 화가 나서 닭을 고발했습니다. "요즘 이 닭은 새벽이 되어도 울지를 않으니 자기 책임을 다하지 못하는 닭이 되고 말았습니다." 달님이 개와 닭에게 "너희는 왜 짖지 않았으며 왜 울지 않았느냐? 그 이유를 말해보라." 하고 물었습니다. 그러자 닭이 "내가 새벽마다 우는 이유는 시간을 알려주어서 아침밥도 짓고, 출근 시간을 늦지 않게 하기 위해서입니다. 그런데 요즘 사람들은 방마다 시계를 걸어놓고, 심지어는 주부뿐만 아니라 식모까지도 모두 시계를 가지고 있으니 내가 울 필요가 없게 된 고로 울지 않습니다." 하고 대답했습니다. 개도 이렇게 대답했습니다. "내가 본래 짖는 이유는 우리 집에 도적이 침입할 때에 도적이 침입하는 것을 막기 위해 짖는 것입니다. 그런데 요즘에는 우리 집 주인도 도적이 되어 버렸으니 주인이 올 때에도 짖어야 되고,

또 다른 사람이 올 때에도 짖어야 되니 나는 하루종일 짖다가 볼일을 못 보게 되지 않겠습니까? 그렇다면 아예 짖지 않는 것이 나을 것 같아서 짖지 않기로 결정했습니다." 물론 하나의 우화입니다. 그러나 상당히 공감이 가고 한 번 생각하게 하는 내용이 들어 있습니다. 세상에 있는 모든 사람이 다 도적이 될 수 있는 가능성이 있음을 말합니다.

오늘날 교도소에 있는 죄수들은 대부분이 강도와 절도라고 합니다. 도적의 역사는 태초로 올라갑니다. 인류의 조상 아담과 하와가 하나님이 금하신 선악과를 훔쳐 따먹는 데서부터 도적질이 시작되었습니다. 여리고성을 함락시킬 때에 아간이 도적질함으로 이스라엘이 아이성 전투에서 패배했고, 아나니아와 삽비라가 하나님의 것을 도적질함으로 교회에 시험이 들었고, 유다는 헌금을 도적질하다가 결국 예수님을 은 삼십에 팔아버렸습니다.

하나님은 우리에게 제 8계명을 주셨습니다. 바로 오늘의 본문 "도적질하지 말지니라"(출애굽기 20:15)입니다. 이 8계명은 이웃을 사랑하고 타인의 재산을 보호하라는 뜻입니다. 우리는 타인의 경제생활을 해쳐서는 안 된다는 말씀입니다. 그러므로 하나님께서 강탈하거나 약탈을 금지하시고, 타인의 재산을 보호하고, 이웃을 사랑하라고 이 8계명을 우리에게 주셨습니다.

1. 도적질은 무엇입니까?

히브리어로 도적질인 "גנב"(가납)은 '옆으로 제쳐놓는다' 는 뜻으로 잘못된 목적을 위해서 잘못된 수단으로 재물을 다루는 것을 말합니다.

1) 남에게 직접적으로 손해를 주는 것입니다.

소위 강탈을 하거나 억지로 빼앗는 것입니다. 이것은 재산의 손해요 인격의 손해입니다.

2) 도적질하는 그룹이나 단체의 일을 돕는 것입니다.

3) 특정개인이나 단체의 유익을 위해 다른 사람에게 손해를 끼치는 경우입니다.

잘못된 물가정책, 투기업자들의 폭리, 저임금 정책, 유해식품, 폭리, 거짓 상품 광고 등입니다. 성경은 말씀합니다. "곤궁하고 빈한한 품꾼은 너의 형제든지 네 땅 성문 안에 우거하는 객이든지 그를 학대하지 말며"(신명기 24:14), "사는 자가 물건이 좋지 못하다 좋지 못하다 하다가 돌아간 후에는 자랑하느니라"(잠언 20:14)고 성경은 증거합니다. 에누리를 지나치게 많이 하는 것도 잘못하는 것입니다.

"내가 만일 부정한 저울을 썼거나 주머니에 거짓 저울추를 두었으면 깨끗하겠느냐"(미가 6:11)고 성경은 증거합니다. 또한 탈세나 시간 약속을 어기는 것도 도적입니다.

2. 도적의 종류

사람이 재물을 얻는 방법은 세 가지입니다. 정당한 선물을 받는 것, 합법적으로 유산을 상속받는 것, 자신이 열심히 노력하여 얻는 보상은 정당한 것입니다. 그러나 도적질하여 얻는 것은 죄악입니다.

도적질의 유형은 크게 세 가지입니다.

1) 하나님의 것을 도적질하는 것입니다.

①안식일을 거룩히 지키라는 계명을 어기면 하나님의 날을 도적질하는 것이 됩니다. 제 4계명은 주의 날을 기억하여 지키라고 했습니다.
②하나님의 것, 즉 십일조를 드리지 않으면 하나님의 것을 도적질하는 것이 됩니다. 성경은 말씀합니다. "사람이 어찌 하나님의 것을 도적질하겠느냐 그러나 너희는 나의 것을 도적질하고도 말하기를 우리가 어떻게 주의 것을 도적질하였나이까 하도다 이는 곧 십일조와 헌물이라"(말라기 3:8).
하나님은 모든 소득의 십분의 일은 하나님의 것이므로 하나님께 드리라고 하셨습니다. 하나님의 것을 가지고 내 마음대로 사용하고 하나님께 드리지 않으면 그것은 도적질이 됩니다.
③하나님께 영광을 돌리지 않고 그 영광을 내가 받으면 역시 도적질이 됩니다. 바벨론의 느부갓네살왕은 하나님의 축복으로

대제국을 만들었습니다. 그러나 그는 스스로 자신을 높이고 우상을 만들어 찬양했으며 하나님께 영광을 돌리지 않았습니다. 그는 마음이 교만해지고 자기를 사랑하고 자기 힘을 과시하려 했습니다. 하나님께서 그를 심판하셨습니다. 졸지에 왕위를 빼앗기고 들판으로 쫓겨나 소처럼 풀을 먹는 비참한 생활을 했습니다. 그러나 나중에 그가 회개할 때에 다시 왕위를 회복시켜 주셨습니다.

하나님의 영광을 빼앗아 자기가 누리는 것은 도적질입니다.

신약시대의 헤롯왕도 하나님의 영광을 자신이 받으려다가 심판을 받았습니다. 성경은 증거합니다. "헤롯이 날을 택하여 왕복을 입고 위에 앉아 백성을 효유한대 백성들이 크게 부르되 이것은 신의 소리요 사람의 소리는 아니라 하거늘 헤롯이 영광을 하나님께로 돌리지 아니하는 고로 주의 사자가 곧 치니 충이 먹어 죽으니라"(사도행전 12:21-23).

내게 주신 하나님의 은혜와 영광은 내 것이 아니라 다 하나님의 것입니다. 모든 것을 하나님께 바쳐야 합니다. 그렇지 않으면 하나님의 것을 도적질하는 것이 됩니다.

④하나님의 이름을 망령되고 헛되이 하고, 하나님께 약속한 맹세를 지키지 않는 것도 도적질입니다. 찰스 스펄전 목사님은 이렇게 말했습니다. "십일조를 하나님께 드리지 않고 내가 사용하는 것은 하나님의 것을 도적질하는 것이요, 드려야 할 것을 드리지 않은 것도 도적질이요, 일곱 날 중 하루는 주님의 날인데

주님의 날로써 사용하지 못하는 것도 도적질이요, 하나님께 드려야 할 예배를 드리지 않는 것은 예배 도적이요, 하나님께 영광을 돌리지 않고 그 영광을 내가 받는 것도 하나님의 영광을 도적질하는 것이다."

2) 이웃의 것을 도적질하는 것입니다.

제6계명 "살인하지 말지니라"(출애굽기 20:13), 이것은 이웃의 생명을 도적질하지 말라는 것입니다.
제7계명 "간음하지 말지니라"(출애굽기 20:14), 이것은 이웃의 정조를 도적질하지 말라는 것입니다.
제8계명 "도적질하지 말지니라"(출애굽기 20:15), 이것은 이웃의 재산을 도적질하지 말라는 것입니다.
제9계명 "네 이웃에 대하여 거짓 증거하지 말지니라"(출애굽기 20:16), 이것은 이웃의 명예를 도적질하지 말라는 것입니다.

①다른 사람의 돈과 물질을 훔치는 강도가 있습니다.
②다른 사람의 것을 빌리고 난 후에 갚지 않는 것도 도적질입니다.

성경은 사랑의 빚 외에는 아무 빚도 지지 말라고 말씀합니다.

영국 웰쉬 지방에서 부흥집회를 개최했는데 수 천명의 사람들이 모여 큰 은혜를 받아 절정을 이루게 되었습니다. 그 때에 어떤 상인이 하는 말이 "이 부흥집회도 별것 아니군!" 하며 비방했습니다. 왜냐하면 교회에 출석을 하는 사람들이 자기에게 갚아야 할 외상값을 갚지 않았기 때문입니다. 그런데 곧 그의 고객들이 들어와서 외상 빚을 갚기 시작했습니다. 그 상인은 이렇게 말했습니다. "사람들이 오래 묵은 외상 빚을 갚는 것을 보니 이 집회는 무언가 다른 데가 있나보군!" 그리고 그 주인도 예수 그리스도를 영접하는 역사가 일어났습니다.

성경은 말씀합니다. "악인은 꾸고 갚지 아니하나 의인은 은혜를 베풀고 주는도다"(시편 37:21).

③고용인의 품삯을 가로채고 주지 않는 것도 도적질입니다. 성경은 증거합니다. "보라 너희 밭에 추수한 품꾼에게 주지 아니한 삯이 소리지르며 추수한 자의 우는 소리가 만군의 주의 귀에 들렸느니라"(야고보서 5:4).

④고용인이나 일군들의 도적질이 있습니다. 월급은 받으면서 열심히 일하지 않는 것도 도적질입니다. 날림 공사나 눈가림만 하는 것도 역시 도적질입니다.

⑤뇌물을 받고 부정을 행하는 일도 도적질입니다. 부정한 고위관리나 공무원, 부정한 변호사나 불법 재판관도 도적질하는 것입니다. 성경은 증거합니다. "너는 뇌물을 받지 말라 뇌물은 밝은 자의 눈을 어둡게 하고 의로운 자의 말을 굽게 하느니라"(출애굽기 23:8).

일을 하지 않고 불로소득으로 부를 획득하려는 모든 시도는 도적질입니다. 소송된 사건을 거짓되게 다루거나, 불법재판을 하여 땅과 재산을 빼앗거나, 가족이 파멸되는 일을 하는 것은 하나님 앞에서 도적질하는 행위입니다.

⑥물건을 판매하면서 도적질하는 상점도둑도 있습니다. 거짓된 저울과 자를 사용함으로 타인의 것을 도적질하는 것을 말합니다. 물건의 양을 적게 하여 속여서 판매하는 것도 도적질입니다. 또한 실제보다 너무 높은 가격으로 판매하는 것도 도적질하는 것입니다.

성경은 말씀합니다. "네 이웃에게 팔든지 네 이웃의 손에서 사거든 너희는 서로 속이지 말라"(레위기 25:14), "이 일에 분수를 넘어서 형제를 해하지 말라 이는 우리가 너희에게 미리 말하고 증거한 것과 같이 이 모든 일에 주께서 신원하여 주심이니라"(데살로니가전서 4:6).

⑦높은 이자로 부당 이익을 취하는 고리대금업 역시 도적질로 취급됩니다. 성경은 말씀합니다. "네가 만일 너와 함께 한 나의 백성 중 가난한 자에게 돈을 꾸이거든 너는 그에게 채주같이 하지 말며 변리를 받지 말 것이며"(출애굽기 22:25).

타인이 어려울 때에 돈을 빌려줌으로 도와주는 것은 그 사람을 도와주는 것입니다. 그러나 그것은 후에 과도한 짐이 됩니다. 우리는 물질거래를 신중하고 신뢰감 있게, 그리고 조심스럽게 해야 합니다.

⑧불우기관을 경영하면서 자기의 재산을 축적한다면 이것 역시 도적질입니다. 고아원이나 양로원 등을 운영하면서 고아를 부당하게 대한다거나 자기의 유익을 생각한다면 이것 역시 죄악입니다.

⑨거짓 증거 하는 것도 역시 도적질입니다.
  ㉠형제자매를 모함하는 행위입니다. 근거 없는 헛소문을 내어 다른 사람의 명예를 더럽히고 인격을 손상시키는 것입니다.

Shakespear의 Othello에는 "남자여, 여자여, 그대들의 명성은 그대들의 혼의 보석이거니 지갑을 잃는 것은 작은 것을 잃는 것이다. 명예를 잃는 것은 모든 것을 잃는 것이다."고 했습니다.

  ㉡인격의 도적질입니다. 모든 사람은 자유 할 권리가 있습니다. 이 자유를 억압하거나 인권을 탄압하는 것, 노예제도, 유괴사건, 종교탄압 등은 다 도적질하는 것입니다.

⑩평화와 행복을 빼앗는 것도 도적입니다.
순진한 소녀나 처녀들을 유혹하여 순결을 빼앗고 윤락가로 넘겨버리는 것도 도적질입니다. 가정 주부나 유부남을 유혹하여 가정을 파탄시키는 것도 역시 도적질입니다. 다윗왕이 우리야의 아내를 빼앗아 가정을 파탄시킨 것도 역시 도적질입니다.

⑪신앙의 도적질도 있습니다.

㉠하나님의 말씀을 바르게 가르치지 않고 이단을 가르치는 것입니다.

㉡신앙생활에 본을 보이지 못하여 다른 사람을 죄짓게 만드는 것입니다.

㉢신앙생활을 잘하던 사람을 타락시키거나 교회로부터 멀어지게 하고, 성경과 교회에 대해 비판적이고 부정적인 사람을 만드는 것입니다.

무신론자 흄은 그의 어머니도 무신론자가 되게 했습니다. 그 어머니가 돌아가실 때에 그는 큰소리로 "어머니 꼭 붙드세요." 하고 말했습니다. 그 때에 그 어머니는 숨을 헐떡이면서 "내 아들아, 붙잡을 게 없다. 네가 나의 신앙을 빼앗아 버리지 않았느냐?" 하고 말했습니다.

신앙을 빼앗아 버리는 사람은 죄를 범하는 것입니다. 더 큰 도적질을 하는 것입니다.

우리는 잘 살펴보아야 합니다. 나는 어떠합니까? 내 신앙과 생활은 건전합니까? 우리는 다른 사람을 그리스도께로 인도하고 있습니까? 아니면 그들의 신앙을 손상시키거나 빼앗아 버리지는 않습니까?

3) 자신의 것을 도적질하는 것입니다.

①인색한 것입니다.

구두쇠는 도적입니다. 왜냐하면 자기 자신에게 필요한 것을 스스로 막음으로 도적이 되는 것입니다. 인색한 것은 마치 등에 금을 싣고 있지만 엉겅퀴를 먹는 나귀와 같습니다. 즉 하나님께서 자기에게 주신 것을 정당하게 사용하지 않고 강탈하는 행위입니다. 자신을 위해 정당하게 사용하는 것도 잃는 것으로 생각합니다. 물론 남을 돕지도 않습니다. 재산을 가지고 있으나 그것으로 위안을 얻지 못합니다. 우리는 가진 재산을 보람 있게 사용할 줄 알아야 합니다. 성경은 말씀합니다. "이제 너희의 유여한 것으로 저희 부족한 것을 보충함은 후에 저희 유여한 것으로 너희 부족한 것을 보충하여 평균하게 하려 함이라"(고린도후서 8:14).

②사치와 허영생활입니다.

탕자는 많은 재산을 허랑 방탕하게 다 없애버렸습니다. 전 필리핀의 독재자 마르크스 대통령의 부인 이멜다 여사는 호사의 극치를 누린 사람입니다. 그녀가 떠난 말라카낭 대통령궁에는 구두 3,000켤레, 가운 2,000벌, 수 백 벌의 의상, 수 백 개의 보석상자와 장갑과 가방 등이 수두룩했으며, 팬티가 3,500개, 하루에 보석을 수 백만 불어치를 구입했으며, 골동품은 2백만 불을 구입했다고 합니다. 이멜다는 말하기를 "나는 아름다워야 할 의무가 있다."고 말했습니다. 대통령궁을 정리하던 여인은 "필리핀 국민들이 이 사치를 직접 목격하고, 그들이 가난해야만 했던 이유를 깨닫기를 바란다."고 했습니다.

어찌 이 여인뿐이겠습니까? 우리나라도 나라 전체를 떠들썩하게 만든 옷 로비 사건을 비롯한 사치와 허영생활에 젖은 사람들이 하나 둘이겠습니까? 우리는 사치와 허영은 도적질임을 알아야 합니다. 우리가 가진 모든 것은 다 내 것이 아닙니다. 하나님께서 우리에게 맡겨주신 것입니다. 그러므로 하나님이 내게 맡겨주신 재물을 잘 관리하지 못하고, 바르게 사용하지 못하고, 보람 있게 사용하지 않으면 그것은 죄짓는 일입니다.

③게으름도 도적입니다.
게으름은 자기 시간을 허비하는 것입니다. 의미 없이 시간을 보내는 것, 쾌락과 허영에 사용하는 것은 고귀한 시간을 강탈하는 것입니다. 하나님께서 주신 시간이 얼마나 소중하고 귀합니까? 게으름은 시간을 도적질하는 것이며 일과 사명에 대한 도적질입니다. 우리는 하나님께서 우리에게 주신 시간을 잘 사용해야 합니다.

3. 왜 도적질을 합니까?(도적질의 원인)

1) 내적 원인

①탐심 때문입니다.
탐욕은 소유의 무절제한 욕망입니다. 아담과 하와가 금단의 열매를 따먹은 것도 바로 탐심이 원인입니다. 성경은 증거합니다. "여자가 그 나무를 본즉 먹음직도 하고 보암직도 하고 지혜롭게 할 만큼 탐스럽기도 한 나무인지라 여자가 그 실과를 따먹고 자

기와 함께 한 남편에게도 주매 그도 먹은지라"(창세기 3:6).

아간은 여리고성에서 시날산 외투 한 벌과 금 덩어리, 은을 보고 탐심이 났습니다. 그것을 훔쳐 숨겨놓았다가 자신과 가족이 죽음을 당했으며, 이스라엘 민족도 전쟁에서 패하는 무서운 결과를 초래하고 말았습니다.

②불신앙 때문입니다.

도적질은 하나님의 능력과 사랑과 약속을 믿지 못하기 때문에 일어납니다. 하나님은 이스라엘 백성들이 광야에서 40년 동안 생활할 때에 매일같이 하늘에서 만나와 메추라기를 내려주셨고, 옷과 신이 해어지지 않도록 하셨습니다. 그런데도 이스라엘은 불평하며 원망했습니다. 그것은 하나님을 온전히 믿지 못했기 때문입니다. 성경은 증거합니다. "그뿐 아니라 하나님을 대적하여 말하기를 하나님이 광야에서 능히 식탁을 준비하시랴"(시편 78:19). 이것은 하나님을 거역하고 불신하는 것입니다. 하나님께서 우리의 모든 의식주 문제를 해결해 주실 것을 믿을 때 도적질하지 않게 됩니다.

우리 주 예수님은 분명히 말씀하십니다. "그러므로 염려하여 이르기를 무엇을 먹을까 무엇을 마실까 무엇을 입을까 하지 말라 이는 다 이방인들이 구하는 것이라 너희 천부께서 이 모든 것이 너희에게 있어야 할 줄을 아시느니라 너희는 먼저 그의 나라와 그의 의를 구하라 그리하면 이 모든 것을 너희에게 더하시리라 그러므로 내일 일을 위하여 염려하지 말라 내일 일은 내일 염려할 것이요 한 날 괴로움은 그 날에 족하니라"(마태복음 6:31-34).

2) 외적 원인

이것은 사탄의 유혹입니다. 에덴동산에서 최초로 도적질을 하게 한 것이 바로 사탄입니다. 가룟 유다의 마음속에 들어가 도적질하게 한 배후가 바로 사탄입니다. 성경은 이렇게 말씀합니다. "조각을 받은 후 곧 사단이 그 속에 들어간지라 이에 예수께서 유다에게 이르시되 네 하는 일을 속히 하라 하시니"(요한복음 13:27).

마귀는 도적의 우두머리입니다. 마귀는 성도의 순결한 옷을 빼앗고 유혹하여 도적질을 시킴으로 자기의 일을 하게 합니다. 마귀는 인간에게 도적질을 하여 재산을 모으는 방법을 계속 속삭여 줍니다. 그러므로 우리는 사탄의 유혹에서 벗어나야 하고 이겨야 합니다.

4. 승리의 비결은 무엇입니까?

도적질을 하지 않고 이길 수 있는 비결은 무엇입니까?

1) 올바른 물질관을 가져야 합니다.

돈은 우리의 주인이 아니라 우리의 종입니다. 돈은 사람을 위해 존재하는 것이지 사람들이 돈을 위해 존재하지 않습니다. 황금을 우상시 해서는 안됩니다. 사람의 가치는 그의 소유, 즉 돈이 많고 적음에 있는 것이 아닙니다. 모든 것은 다 하나님의 것입니다. 우리는 다만 청지기일 뿐입니다. 우리는 주인이 되신 하나님께서 맡겨주신 것을 잘 관리하는 것뿐입니다. 이것을 바로 알 때 도적질을 할 필요가 전혀 없음을 알게 됩니다.

2) 감사하는 생활을 해야 합니다.

①과도한 욕망을 버릴 때 감사가 나옵니다.
"돈을 사랑함이 일만 악의 뿌리가 되나니 이것을 사모하는 자들이 미혹을 받아 믿음에서 떠나 많은 근심으로써 자기를 찔렀도다"(디모데전서 6:10)고 성경은 말씀합니다. 돈은 우리에게 필요한 것이나 우리가 돈을 사랑해서는 안됩니다.

성경은 말씀합니다. "욕심이 잉태한즉 죄를 낳고 죄가 장성한즉 사망을 낳느니라"(야고보서 1:15), "서로 마음을 같이 하며 높은 데 마음을 두지 말고 도리어 낮은 데 처하며 스스로 지혜 있는 체 말라"(로마서 12:16).

우리가 욕심을 버릴 때에 비로소 감사할 수 있습니다.

②자족의 정신을 가져야 합니다.
우리는 하나님이 우리에게 맡겨 주신 재산에 만족할 줄 알아야 합니다. 사렙다 과부는 한 웅큼의 가루와 기름 한 병으로 3년

6개월 동안을 감사하며 살았습니다.

사도 바울은 "내가 궁핍하므로 말하는 것이 아니라 어떠한 형편에든지 내가 자족하기를 배웠노니 내가 비천에 처할 줄도 알고 풍부에 처할 줄도 알아 모든 일에 배부르며 배고픔과 풍부와 궁핍에도 일체의 비결을 배웠노라"(빌립보서 4:11)고 고백했습니다.

사람은 만족할 줄 모르는 나쁜 습성을 가지고 있습니다. 단칸방에서 생활할 때에는 두 칸 방이라도 있으면 원이 없겠다 하다가 두 칸 자리 집을 얻게 되어 살게 되면 이제는 세 칸 정도는 있어야 한다고 욕심을 가집니다. 20평에서 40평 아파트로 이사하면 처음에는 좋은 것 같은데 살다보면 최소한 5-60평이 되어야 한다고 생각합니다.

사람의 욕심은 끝이 없습니다. 성경은 이렇게 말씀합니다. "돈을 사랑치 말고 있는 바를 족한 줄로 알라 그가 친히 말씀하시기를 내가 과연 너희를 버리지 아니하고 과연 너희를 떠나지 아니하리라 하셨느니라"(히브리서 13:5).

우리는 분명히 알아야 할 것이 있습니다. "우리가 세상에 아무것도 가지고 온 것이 없으매 또한 아무것도 가지고 가지 못하리니"(디모데전서 6:7).

우리는 다 빈손으로 왔다가 빈손으로 갑니다. 믿음의 사람 욥은 고백합니다. "가로되 내가 모태에서 적신이 나왔사온즉 또한 적신이 그리로 돌아가올지라 주신 자도 여호와시요 취하신 자도 여호와시오니 여호와의 이름이 찬송을 받으실지니이다 하고"(욥기 1:21).

영국의 부흥사 요한 웨슬레가 남긴 유품은 티스푼 하나, 목사 가운 한 벌이 전부였습니다. 그러나 그는 감사하며 만족하며 살았습니다.

그러므로 우리는 이렇게 기도해야 합니다. "곧 허탄과 거짓말을 내게서 멀리 하옵시며 나로 가난하게도 마옵시고 부하게도 마옵시고 오직 필요한 양식으로 내게 먹이시옵소서 혹 내가 배불러서 하나님을 모른다 여호와가 누구냐 할까 하오며 혹 내가 가난하여 도적질하고 내 하나님의 이름을 욕되게 할까 두려워함이니이다"(잠언 30:8-9).

성도 여러분, 우리는 범사에 자족하는 생활을 배워 항상 감사의 생활을 하는 성도가 됩시다.

3) 부지런히 일해야 합니다.

사도 바울은 성도들이 열심히 일하기를 명령했습니다. "우리가 너희와 함께 있을 때에도 너희에게 명하기를 누구든지 일하기 싫어하거든 먹지도 말게 하라 하였더니"(데살로니가후서 3:10).

우리 하나님은 열심히 일하시는 하나님이십니다. 마태복음 25장의 달란트 비유에서 하나님은 열심히 일하여 이자를 남긴 다섯 달란트를 받은 자와 두 달란트를 받은 자를 칭찬하셨고, 반면 게을러 일하지 않은 한 달란트 받은 자를 책망하고 심판하셨습니다. 성경은 교훈합니다. "게으른 자여 개미에게로 가서 그 하는 것을 보고 지혜를 얻으라"(잠언 6:6).

부지런한 사람은 도적질을 할 필요가 없습니다.

4) 구제 생활에 힘써야 합니다.

기독교인은 다른 사람의 것을 빼앗아 가지는 것이 아니라 나의 것을 남에게 주는 생활을 해야 합니다. 다른 사람을 어떻게 구제할 것인가를 고민하고 생각해야 합니다.

성경은 가르칩니다. "도적질하는 자는 다시 도적질하지 말고 돌이켜 빈궁한 자에게 구제할 것이 있기 위하여 제 손으로 수고하여 선한 일을 하라"(에베소서 4:28).

먼저 주는 생활이 중요합니다. 하나님은 직접 우리에게 모범을 보여주셨습니다. 하나님께서 예수 그리스도를 이 땅에 보내주셨고, 예수님께서 십자가에 달려 죽으심으로 우리에게 생명을 주셨습니다.

우리 하나님은 구제하는 자에게 더 좋은 것을 주십니다. 조카 롯에게 좋은 땅을 양보한 아브라함에게 약속의 땅 가나안을 주셨습니다.

한 사람이 유대교의 어떤 랍비에게 물었습니다. "왜 성경에서는 하나님께서 그렇게도 많이 달라고 하십니까?" 지혜로운 랍비는 이렇게 대답했습니다. "어떤 사람이 어떤 집에 가서 은그릇을 훔쳤습니다. 그 은그릇을 잃은 주인의 실망은 컸습니다. 그런데 그 날 저녁에 그 집에는 은 그릇 대신에 보다 좋은 금그릇이 놓여 있었습니다."

하나님이 우리에게 달라고 하실 때에 어떤 것을 버리라고 하실 때에는 항상 더 좋은 것을 주시는 적극적인 대안을 가지고 계신다는 사실을 우리는 믿어야 합니다.

아브라함에게서 갈대아 우르를 버리라고 요구하신 하나님은 그에게 젖과 꿀이 흐르는 약속의 땅 가나안을 주셨습니다. 아담에게서 갈비뼈를 가져가신 하나님은 그 보다 훨씬 좋은 하와를 주셨습니다.

하나님은 우리에게 풍성한 것으로 주시고, 귀하고 훌륭한 것으로 주시며, 우리의 기대 이상으로 상상치 못한 좋은 것을 주십니다. 하나님은 주 예수 그리스도를 통해 이 놀라운 은혜를 받고 체험한 우리도 이 하나님의 놀라우신 사랑을 다른 사람에게 나누어주기를 원하십니다.

성도 여러분, 우리 주위에는 우리의 손길을 기다리는 이웃들이 너무도 많습니다. 우리에게 주신 좋은 것으로 그리스도의 사랑을 실천하여 정말 아름답고 가치 있고 보람 있는 삶을 살아가는 성도가 됩시다.

5) 회개와 보상이 있어야 합니다.

하나님은 우리가 죄를 지었을 때에는 먼저 하나님 앞에 나와서 회개해야 하고 사람 앞에서도 보상하라고 하십니다. 성경은 말씀합니다. "사람이 소나 양을 도적질하여 잡거나 팔면 그는 소 하나에 소 다섯으로 갚고 양 하나에 양 넷으로 갚을지니라 도적이 뚫고 들어옴을 보고 그를 쳐죽이면 피 흘린 죄가 없으나 해돋은 후이면 피 흘린 죄가 있으리라 도적은 반드시 배상할 것이나 배상할 것이 없으면 그 몸을 팔아 그 도적질한 것을 배상할 것이요 도적질한 것이 살아 그 손에 있으면 소나 나귀나 양을 무론하고 갑절을 배상할지니라 사람이 밭에서나 포도원에서 먹이다가 그 짐승을 놓아서 남의 밭에서 먹게 하면 자기 밭의 제일 좋은 것과 자기 포도원의 제일 좋은 것으로 배상할지니라 불이 나서 가시나무에 미쳐 낟가리나 거두지 못한 곡식이나 전원을 태우면 불 놓은 자가 반드시 배상할지니라 사람이 돈이나 물품을 이웃에게 맡겨 지키게 하였다가 그 이웃의 집에서 봉적하였는데 그 도적이 잡히면 갑절을 배상할 것이요 도적이 잡히지 아니하면 그 집 주인이 재판장 앞에 가서 자기가 그 이웃의 물품에 손 댄 여부의 조사를 받을 것이며 어떠한 과실에든지 소에든지 나귀에든지 양에든지 의복에든지 또는 아무 잃은 물건에든지 그것에 대하여 혹이 이르기를 이것이 그것이라 하면 두 편이 재판장 앞에 나아갈 것이요 재판장이 죄 있다고 하는 자가 그 상대편에게 갑절을 배상할지니라 사람이 나귀나 소나 양이나 다른 짐승을 이웃에게 맡겨 지키게 하였다가 죽거나 상하거나 몰려가도 본 사람이 없으면 두 사람 사이에 맡은 자가 이웃의 것에 손을 대지 아니하였다고 여호와로 맹세할 것이요 그 임자는 그대로 믿을 것이며 그 사람은 배상하지 아니하려니와 만일 자기에게서 봉적하였으면 그 임자에게 배상할 것이며 만일 찢겼으면 그것을 가져다가 증거할 것이요 그 찢긴 것에 대하여 배상하지 않을지니라 만일 이웃에게 빌어온 것이 그 임자가 함께 있지 아니할 때에 상하거나 죽으면 반드시 배상하려니와 그 임자가 그것과 함께 하였으면 배상하지 않을지며 세 낸 것도 세를 위하여 왔은즉 배상하지 않을지니라 사람이 정혼하지 아니한 처녀를 꾀어 동침하였으면 빙폐를 드려 아내로 삼을 것이요 만일 그 아비가 그로 그에게 주기를 거절하면 그는 처녀에게 빙폐하는 일례로 돈을 낼지니라"(출애굽기 22:1-17).

어느 고등학교 교사가 밤중에 교장 선생님 댁을 찾아왔습니다. 놀라서 "웬일이요?" 하고 묻자 그는 한동안 눈물만 흘리고 앉아 있다가 흰 봉투에 들어 있는 사직서를 내놓았습니다. 그리고 그 교사는 이렇게 말했습니다. "나는 교장 선생님 앞에 큰 죄를 지었을 뿐만 아니라 하나님 앞에 죄를 지은 사람입니다." "당신이 무슨 그렇게 큰 죄를 지었소? 당신은 우리 학교에서 많은 선생님들 가운데 모범 선생님이 아니오?" 하고 반문했습니다. 그 선생님은 자기가 들고 온 가방을 열더니 그 속에서 물건을 끄집어내었습니다. 갱지 한 묶음, 잉크, 볼펜, 망치, 드라이버였습니다. 그리고 자기가 마음대로 사용한 10만원도 내놓았습니다. "교장 선생님, 나는 학교의 것을 마치 내 것처럼 볼펜, 잉크, 망치, 드라이버도 훔쳤고, 학급의 공금을 이렇게 횡령했습니다. 어젯밤에 교회의 부흥집회에서 하나님 앞에서 도적질한 것을 깨닫게 되었습니다. 이제 모든 것을 회개하고 오늘 이렇게 가져왔습니다." 하면서 눈물을 흘렸습니다. 교장 선생님이 "이 사람아, 교사가 되어서 이 만한 것 안 해 먹은 사람이 어디 있겠는가? 누구나 다 이런 일은 하는 것 아니냐? 학교의 것을 좀 썼다고 뭘 그렇게 양심의 가책을 받는다고 그러는가? 만일 그렇다면 나는 더 큰 도둑일세." 하고 말했습니다.

성도 여러분, 우리는 아무리 적은 것이라도 하나님의 것은 하나님의 것이요, 교회 것은 교회의 것이요, 다른 사람의 것은 다른 사람의 것입니다. 그러므로 함부로 오용하거나 남용하면 안 됩니다. 그리고 잘 못한 것은 회개하는 열매가 있어야 합니다.

삭개오의 고백을 봅시다. "삭개오가 서서 주께 여짜오되 주여 보시옵소서 내 소유의 절반을 가난한 자들에게 주겠사오며 만일 뉘 것을 토색한 일이 있으면 사 배나 갚겠나이다 예수께서 이르시되 오늘 구원이 이 집에 이르렀으니 이 사람도 아브라함의 자손임이로다 인자의 온 것은 잃어버린 자를 찾아 구원하려 함이니라"(누가복음 19:8-10).

1917년 평양의 장대현교회에서 2주간 부흥집회가 계속되었습니다. 하루 저녁은 그 교회의 목사인 길선주 목사님이 일어나서 "나의 막역한 친구가 병들어 죽게 되었을 때 나에게 부탁하기를 '내 아내는 무식하니 자네가 재산처리를 잘 해주게.' 하는 부탁을 하고 세상을 떠났습니다. 그래서 저는 장례를 치르고 그의 재산에 대한 뒤처리를 잘 해 주었습니다. 그런데 제가 그 중에서 돈 1백 원을 도적질했습니다. 그 죄가 생각나서 견딜 수 없으니 오늘밤에 돌아가서 갚아 주겠습니다." 하면서 자백했습니다. 그러자 그 날밤에 큰 회개운동이 일어나 전국적으로 확산되어 한국의 대부흥운동이 시작되었습니다.

성경은 말씀합니다. "전당물을 도로 주며 억탈물을 돌려 보내고 생명의 율례를 준행하여 다시는 죄악을 짓지 아니하면 그가 정녕 살고 죽지 않을지라"(에스겔 33:15).

6) 하나님을 전적으로 신뢰해야 합니다.

우리가 도적질하지 않고 만족하게 살 수 있는 유일한 길은 전능하신 하나님을 전적으로 신뢰하는 것입니다. 하나님은 결코 그의 백성을 버리지 않으십니다. 성경은 말씀합니다. "돈을 사랑치 말고 있는 바를 족한 줄로 알라 그가 친히 말씀하시기를 내가 과연 너희를 버리지 아니하고 과연 너희를 떠나지 아니하리라 하셨느니라"(히브리서 13:5).

중국의 선교사 허드슨 테일러는 경제적으로 어려운 일을 많이 당했습니다. 그러나 결코 빌리거나 꾸지 않았습니다. 그때마다 그는 오직 빌립보서 4:19의 "나의 하나님이 그리스도 예수 안에서 영광 가운데 그 풍성한 대로 너희 모든 쓸 것을 채우시리라"는 약속을 믿었습니다. 과연 하나님께서 허드슨 테일러의 모든 쓸 것을 채워 주셨습니다. 그래서 그는 인생의 황혼기에 감격스런 고백을 자주 했습니다. "하나님의 뜻에 맞는 하나님의 일에 하나님의 지원이 결코 결핍되지 않는다."

성도 여러분, 하나님께서 제 8계명에서 "도적질하지 말지니라"고 명령하셨습니다. 우리는 올바른 물질관을 가져야 합니다. 감사하는 생활을 해야 합니다. 과도한 욕심을 버리고 자족할 줄 알아야 합니다. 부지런히 일해야 합니다. 구제하는 생활에 힘써야 합니다. 회개하고 보상할 줄 알아야 합니다. 그리고 전적으로 하나님을 신뢰하고 주님 앞에 나아가야 합니다.

사랑하는 성도 여러분!
하나님은 우리의 모든 것이 되시어 우리의 필요한 모든 것을 공급해 주시며, 우리의 평생을, 아니 영원을 책임져 주시는 사랑의 하나님이요, 오직 주님 안에서만 진정한 만족과 축복이 있습니다. 아멘.

제 9 계명

거짓증거 하지 말라

제 9 계명
거짓증거 하지 말라
(출애굽기 20:16)

어느 주일학교 어린이가 어머니에게 이렇게 질문했습니다. "엄마, 도적질과 거짓말하는 것과 어느 것이 더 나쁜가요?" 엄마가 대답했습니다. "그야 물론 도적질이 더 나쁘지." 그런데 아이의 생각은 달랐습니다. "아니예요. 엄마가 틀렸어요. 거짓말이 더 나빠요. 거짓말은 돌려 줄 수가 없잖아요."

인류 역사상 '최초의 죄악은 아담과 하와가 에덴동산에서 사탄의 거짓말에 유혹되어 금단의 열매를 따먹은 데서 시작됩니다.

하나님은 우리에게 제 9계명 "네 이웃에 대하여 거짓 증거하지 말지니라"(출애굽기 20:16)를 주셨습니다. 이것은 사람에 대한 언어의 범죄를 경고하며 이웃의 명예를 중요시해야 함을 말해 줍니다.

사람은 혀로 많은 죄를 짓습니다. 오늘날의 현대인들은 습관적으로 거짓말을 합니다. 사업상 거짓말을 합니다. 정치판의 거짓말은 알아주는 것이 된 지 이미 오래 되었고, 교제에 있어서도 거짓말을 하지 않을 수 없다고 합니다. 이 세상은 거짓말이 홍수를 이루며 서로 속고 속이며 살아갑니다.

어떤 사람은 선을 위해서는 거짓말을 할 수 있다고 하면서 이런 경우의 거짓말은 합법적이라고 주장합니다. 어거스틴은 "하나님의 영광을 위하여 거짓말을 하는 것도 합법적인 것이 아니다."라고 했습니다. 그러나 하나님은 어떤 거짓말도 허락하지 않으십니다.

하나님은 분명히 말씀하셨습니다. "거짓 증거 하지 말지니라"(출애굽기 20:16). 우리는 이 시간에 하나님이 이웃의 무형의 재산인 명예를 소중히 여길 것을 가르쳐 주신 제 9계명에 대해서 바르게 생각하여 우리를 향하신 하나님의 뜻을 찾아보아야겠습니다.

1. 왜 거짓말을 해서는 안됩니까?

1) 우리는 서로 이웃이기 때문입니다.

우리는 서로 지체가 되기 때문입니다. 성경은 말씀합니다. "그런즉 거짓을 버리고 각각 그 이웃으로 더불어 참된 것을 말하라 이는 우리가 서로 지체가 됨이니라"(에베소서 4:25).

우리의 이웃은 누구입니까? 광범위하게 말하면 세상의 모든 사람들이 우리의 이웃입니다. 가까이는 우리의 가족인 부모, 자식, 아내, 남편, 형제들, 교인들, 동족들, 이 세상의 모든 사람들이 다 우리의 이웃이 됩니다. 우리는 서로가 이웃이므로 서로에게 거짓말을 해서는 안됩니다.

2) 거짓은 죽음을 초래하기 때문입니다.

'죽음'은 거짓말에 대한 심판이었습니다. 거짓의 아비는 마귀입니다. 성경은 말씀합니다. "너희는 너희 아비 마귀에게서 났으니 너희 아비의 욕심을 너희도 행하고자 하느니라 저는 처음부터 살인한 자요 진리가 그 속에 없으므로 진리에 서지 못하고 거짓을 말할 때마다 제 것으로 말하나니 이는 저가 거짓말쟁이요 거짓의 아비가 되었음이니라"(요한복음 8:44).

그러나 예수 그리스도는 진리가 되십니다. 그리고 우리는 주 예수 그리스도의 자녀들입니다. 그러므로 우리는 거짓말을 하면 안됩니다. 우리가 거짓말하는 것은 사탄과의 싸움에서 패배하는 것입니다. 사탄은 할 수만 있으면 거짓말로 우리를 유혹합니다. 우리는 거짓의 아비 사탄과 싸워 이겨야 합니다.

옛날 유대인의 전설에 의하면 노아가 홍수 직전에 동물들을 방주로 몰아넣고 있을 때에 거짓이 도마뱀으로 가장하여 나타났다고 합니다. 그때 노아가 "방주에 들어가려면 짝을 지어 들어가야 한다."고 하자 거짓이 곧 죄를 그의 짝으로 구하여 방주에 들어갔다고 합니다. 그 이후로 거짓과 죄는 결코 떨어진 일이 없었고 항상 함께 다닌다고 합니다. 사탄은 거짓의 아비입니다. 세상에 있는 모든 죄와 고통은 거짓으로 인해 시작됩니다.

하나님께서 아담에게 에덴동산의 선과 악을 알게 하는 나무의 실과를 따먹으면 정녕 죽으리라고 하셨습니다. 그러나 사탄의 거짓말에 속은 아담이 금단의 열매를 먹음으로 인해 영원한 죽음이 찾아왔고 실낙원의 슬픔을 맛보게 되었습니다. 그 후의 모든 불행, 즉 전쟁, 질병, 죽음, 슬픔이 거짓의 결과로 찾아오게 되었습니다.

거짓은 우리 주 예수 그리스도를 십자가에 못박아 죽였습니다. 예수님은 죄가 없으신 완전한 분으로 온전한 삶을 사셨습니다. 그러나 바리새인들과 서기관과 제사장들이 예수를 시기하여 음모를 꾸미고, 마침내 예수님을 거짓말로 고소하여 십자가에 못 박아 죽게 하고 말았습니다.

거짓말은 사람을 죽입니다. 거짓말은 나 자신과 형제를 죽입니다. 결국 거짓말은 마귀 자신도 죽이고 맙니다. 거짓말의 결과는 너무도 비참합니다. 그러므로 하나님은 제 9계명에 "거짓증거하지 말지니라"고 명령하셨습니다.

2. 거짓말의 종류

1) 이웃을 중상하는 것입니다.

　전갈의 꼬리에 독이 있는 것과 같이 중상하는 자는 혀에는 독이 있습니다. 중상이란 다른 사람의 명예를 훼손시키기 위해서 거짓 선전하는 것입니다. 거짓은 혀로 범하는 살인 행위입니다. 사람들은 거룩하고 엄격한 삶을 살았던 세례 요한에게 귀신들렸다고 거짓말을 했습니다. 가장 순결한 삶을 사신 예수 그리스도에게 "먹기를 탐하는 죄인의 친구"라고 거짓말을 했습니다.

　어거스틴은 "혀는 칼보다 더욱 상처를 입힌다."고 말했습니다. 다른 사람에 대해 거짓된 소문을 내는 것은 제 9계명을 거스르는 것입니다. 사실 여부를 알아보기 전에 거짓 소문을 그대로 받아들이는 것도 같은 죄가 됩니다.

　어느 교회에 목사님이 새로 부임을 했습니다. 어느날 험담을 잘하는 여성도가 "목사님 댁의 사모님이 어떤 모임에 참여했는데 그때 목사님이 화가 나서 그 방에 들어가서 사모님을 끌고 나갔다."고 소문을 냈습니다. 이 이야기를 들은 목사님의 대답은 이러했습니다. "첫째, 저는 결코 아내의 일에 참견하지 않습니다. 둘째, 제 아내는 결코 그 모임에 참여하지 않았습니다. 셋째, 저는 제 아내더러 집으로 가라고 강요하지 않았습니다. 넷째, 저에게는 아내가 없습니다." 그 부인의 말은 중상 모략이었습니다.

이 부인은 목사님을 찾아와 용서를 빌었습니다. 그때 목사님은 "저는 당신을 용서합니다. 그러나 한 가지 부탁이 있는데 들어주셔야겠습니다." 하고 말했습니다. 그 여성도는 그렇게 하겠다고 동의했습니다. 목사님은 그 여성도에게 "밖에 나가서 닭털을 한 통 담아 사방으로 다니면서 한 줌씩 바람에 흩으십시오." 하고 말했습니다. 그 여 성도는 목사님의 말대로 하고 돌아왔습니다. 목사님은 그 여성도에게 "이제는 다시 가서 그 닭털을 다 주어 모아오십시오." 하고 말했습니다. 그러자 "그것은 불가능합니다." 하고 대답했습니다. 그때 목사님은 그 성도에게 "비방하는 말은 한 번 널리 퍼지고 나면 그것은 결코 다시 철회할 수 없습니다." 하고 교훈했습니다.

성도 여러분, 우리는 말을 조심해야 합니다. 아무리 훌륭한 의사라고 해도 비방하는 혀로 인한 상처는 고칠 수 없습니다. 남의 말, 특히 중상 모략이나 험담을 해서도 안되며 그 말을 바로 받아들여서도 안됩니다.

토마스 왓슨(Thomas Watson) 목사는 "중상자는 혀로 마귀를 전하는 자이며, 거짓 소문을 받는 자는 귀로 마귀를 전하는 자이다."라고 했습니다.

간혹 명예 훼손죄로 고소하거나 시비가 붙는 일이 있으나 대부분은 그대로 지나가 버립니다. 그러나 하나님은 그 일을 결코 간과하지 않고 심판하십니다. 그러므로 우리는 결코 중상하거나 모략을 하는 말을 입에도 담지 말아야 합니다. 우리는 항상 말을 조심하고, 주의 깊게 사랑가운데서 말하는 성도가 되어야 합니다.

2) 거짓 증거 하는 것입니다.

①법원에서 거짓 증언하는 것입니다.

재판의 목적은 거짓을 바로 잡기 위한 것입니다. 진리와 거짓을 바로 판결해서 억울함이 없게 하는 것입니다. 그러므로 거짓 증거는 재판의 목적을 그르칠 뿐만 아니라 거짓 증언으로 인해 다른 사람의 재산과 시간과 생명까지 빼앗아 가는 것이 됩니다.

거짓의 종류는 세 가지가 있습니다.

㉠거짓말하는 것입니다.
"거짓 입술은 여호와께 미움을 받아도 진실히 행하는 자는 그의 기뻐하심을 받느니라"(잠언 12:22).

압살롬이 자기 아버지 다윗에게 헤브론에서 여호와께 서원한 것을 갚겠다고 거짓말을 한 후 그때부터 반역죄를 저지르기 시작했습니다. 그는 자기 아비를 쫓아내고 왕위를 차지하였으나 곧 하나님의 심판으로 죽임을 당하고 말았습니다.

아나니아와 삽비라가 베드로 사도 앞에서 재산의 일부를 숨겨 놓고 재산의 전부를 하나님께 가져 왔다고 말했습니다. 이것은 사람의 명예를 얻기 위한 거짓말이었습니다. 결국 이 행위는 성령을 속이고 거짓말을 한 죄가 되었고, 하나님은 그 부부를 즉시 심판하셨습니다. 그들은 베드로 사도 앞에서 바로 즉사하여 땅에 묻혔습니다.

우리 하나님은 거짓말을 미워하십니다. 성령은 진리의 영이십니다. 성령은 결코 거짓을 용납하지 않으십니다.

성경은 말씀합니다. "개들과 술객들과 행음자들과 살인자들과 우상 숭배자들과 및 거짓말을 좋아하며 지어내는 자마다 성 밖에 있으리라"(요한계시록 22:15).

거짓말을 하는 자에게는 지옥불이 기다리고 있습니다. 그러므로 제롬은 "모든 말을 할 때 서약하는 것처럼 하라"고 했습니다. 피타고라스는 "무엇이 인간으로 하여금 하나님을 닮게 하는가?" 하고 질문을 받으면 "진리를 말할 때"라고 대답했다고 합니다.

성도 여러분, 우리는 하나님의 모습을 닮아야 합니다. 그 하나님의 모습은 바로 진리입니다.

믿음의 사람 다윗은 시편 15편에서 이렇게 노래했습니다. "여호와여 주의 장막에 유할 자 누구오며 주의 성산에 거할 자 누구오니이까 정직하게 행하며 공의를 일삼으며 그 마음에 진실을 말하며 그 혀로 참소치 아니하고 그 벗에게 행악지 아니하며 그 이웃을 훼방치 아니하며 그 눈은 망령된 자를 멸시하며 여호와를 두려워하는 자를 존대하며 그 마음에 서원한 것은 해로울지라도 변치 아니하며 변리로 대금치 아니하며 뇌물을 받고 무죄한 자를 해치 아니하는 자니 이런 일을 행하는 자는 영영히 요동치 아니하리이다"(시편 15:1-5).

우리는 매일의 삶 속에서 항상 하나님의 백성답게 거짓을 멀리 하고, 정직하게 행하며, 진실을 말하는 하나님의 모습을 닮아가는 성도가 되어야 합니다.

ⓒ거짓된 증거가 있습니다.

거짓된 증거에는 두 가지가 있습니다. 타인을 위한 거짓말과 타인을 거스려 거짓 증거 하는 것입니다. 타인을 위해 거짓 증거 하는 것은 뇌물을 받고 악인을 의롭게 하는 것입니다. 이것은 악인을 정당화하는 것입니다. "그들은 뇌물로 인하여 악인을 의롭다 하고 의인에게서 그 의를 빼앗는도다"(이사야 5:23).

타인을 거스려 거짓 증거를 한 예로는 나봇의 사건을 들 수 있습니다. 악한 왕 아합이 궁전 곁에 있는 나봇의 포도원을 탐내었습니다. 많은 것을 제시하면서 요구했으나 나봇은 하나님의 율법에 따라 조상이 물려준 땅을 줄 수 없다고 거절했습니다. 그러자 아합왕이 꾀병으로 누웠습니다. 이 사실을 알게 된 악녀 이세벨 왕후가 모략을 꾸몄습니다. 폭력배와 같은 비류들을 동원해서 재판을 열게 하고 위증을 하게 했습니다. "나봇이 하나님과 왕을 저주했다."고 거짓증거를 했습니다. 그래서 돌을 던져 나봇을 죽이고 말았습니다.

거짓 재판은 부패의 극치입니다. 백성을 지도하는 정치가들이 부패하고, 백성의 양심이 되어야 할 법정이 부패하면 그 나라는 소망이 없습니다.

성경은 말씀합니다. "거짓 증인은 벌을 면치 못할 것이요 거짓말을 내는 자도 피치 못하리라"(잠언 19:5).

참된 하나님의 백성은 결코 거짓 증언대에 설 수도 없고, 악인을 의롭다고 하는 거짓증언을 해서도 안됩니다.

ⓒ거짓맹세가 있습니다.
성경은 말씀합니다. "심중에 서로 해하기를 도모하지 말며 거짓 맹세를 좋아하지 말라 이 모든 일은 나의 미워하는 것임이니라 나 여호와의 말이니라"(스가랴 8:17).

거짓 맹세는 사람과 사람 사이의 모든 진리와 믿음을 빼앗아 버립니다. 마귀는 거짓 맹세하는 자를 자기의 소유로 삼습니다. 예수님을 모른다고 거짓 맹세한 베드로와 제자들은 비참하게 마귀의 손에서 놀아나고 말았습니다.

우리 하나님은 거짓을 미워하십니다. 그리고 이웃을 심판하십니다.

두 사람이 경건한 한 청년을 부정하다고 거짓 고발을 했습니다. 그리고 그들은 자기들의 거짓 증언이 정당하다고 거짓 맹세까지 했습니다. 한 사람은 "내가 진실을 말하지 않으면 하나님이 불로 나를 멸하시기를 기도한다."고 했습니다. 또 한 사람은 "내가 진실을 말하지 않으면 내 눈이 실명되기를 원한다."고 했습니다. 과연 거짓 맹세한 두 사람은 그 대가를 받고 말았습니다. 첫 번째 거짓맹세한 사람은 집에 화재가 발생했고, 두 번째 거짓 증언한 사람은 위증 때문에 오랫동안 고통을 당하여 울며 지내다가 결국 실명되고 말았습니다.

이세벨은 거짓으로 나봇을 죽였으나 결국 그녀 자신도 창 밖으로 던져져 온 몸이 이그러지고 흩어져 그 형체도 알아 볼 수 없게 되었고, 개들이 그 시신 조각을 먹고 피를 핥았습니다. 거짓 증거는 하나님의 미워하시며 심판이 따릅니다.

성도 여러분, 우리도 하나님 앞에서 거짓 맹세의 잘못을 저지를 수 있습니다. 우리가 하나님 앞에서 맹세한 것은 반드시 지켜야 합니다. 지키지 않으면 거짓 맹세자가 됩니다.

우리는 하나님께 열심히 예배드리겠다고 결심하고 맹세합니다. 열심히 말씀을 공부하겠다고 맹세합니다. 열심히 기도생활 하겠다고 맹세합니다. 온전히 십일조를 드리겠다고 맹세합니다. 열심히 감사생활을 하겠다고 맹세합니다. 열심히 전도하겠다고 맹세합니다. 열심히 사랑을 실천하겠다고 맹세합니다. 열심히 봉사하며 섬기겠다고 맹세합니다. 열심히 구제하며 살겠다고 맹세합니다. 열심히 맡겨주신 직분에 충성하며 섬기겠다고 맹세합니다.

그런데 우리는 어떠합니까? 주님 앞에 은혜 받고 결심하고 다짐했던 우리는 지금은 어떻습니까? 우리 역시 거짓 맹세의 죄를 범하는 것이 되고 맙니다.

다시 힘을 내어 주님 앞에서 은혜 받아 다짐하고 맹세하고 서원한 것을 잊지 말고, 실천하고 순종하고 지켜나감으로써 제 9계명을 성실히 이루어 가는 성도가 됩시다.

3) 악하고 간사한 말도 거짓 증거 하는 것입니다.

교묘한 수법으로 간사하게 말함으로 결정적인 치명상을 주는 경우입니다. 성도의 대화는 항상 선한 것이 되어야 합니다. 우리가 사용하는 단어는 언제나 순전한 것이 되어야 합니다.

4) 아첨하는 것입니다.

사람은 다 칭찬 받는 것을 좋아합니다. 물론 정당하고 정직한 찬사는 아첨하는 것이 아닙니다. 그러나 아첨은 이중적인 마음을 가지고 하는 것입니다. 지나친 아첨이나 이중적인 찬사는 거짓 증언을 하는 것입니다. 지나친 과장도 거짓입니다.

5) 유언비어도 거짓 증언입니다.

성경은 말씀합니다. "두루 다니며 한담하는 자는 남의 비밀을 누설하나니 입술을 벌린 자를 사귀지 말지니라"(잠언 20:19).

6) 파괴적인 비판을 하거나 부당한 비난도 거짓 증언입니다.

성경은 말씀합니다. "너는 네 백성 중으로 돌아다니며 사람을 논단하지 말며 네 이웃을 대적하여 죽을 지경에 이르게 하지 말라 나는 여호와니라"(레위기 19:6).

오래 전에 미국에서 있었던 일입니다. 어떤 남자가 일등 침대차에 어린아이를 데리고 탔는데 그 아이가 계속 우는 바람에 손님들이 잠을 잘 수가 없었습니다. 손님들은 화를 내면서 "여보시오. 그 애를 엄마에게 데려다 주시오. 우리 잠 좀 잡시다." 하고 소리를 쳤습니다. 그때 그 아이의 아버지가 겸손히 대답했습니다. "손님, 그랬으면 얼마나 좋겠습니까? 그러나 내 아내인 애기 엄마는 어제 죽었습니다. 그래서 지금 앞 칸 수화물 차량에 있습니다. 우리는 그녀를 장사 지내려고 고향에 가는 길입니다. 그래서 아이가 웁니다. 엄마에게 가고 싶어서 울고 있습니다." 이 말을 들은 모든 사람들은 너무도 미안하고 부끄러웠습니다. 그래서 기차 안에 있던 사람들이 오히려 그 아이를 돌보아 주면서 그 아버지를 쉬게 해 주었습니다.

우리는 지나친 비판을 해서는 안됩니다. 사실을 알지도 못한 채 비난하는 것도 조심해야 합니다. 우리는 함부로 비난하지 말고 사실을 신중하게 알도록 노력해야 합니다.

7) 위선입니다.

말과 행동이 다른 것을 말합니다. 입술의 신앙고백과 실제 신앙생활이 다른 것을 말합니다. 교회 안에서와 교회 바깥에서의 생활이 일치하지 못하는 것을 말합니다. 이것 역시 거짓 증언입니다. 우리는 항상 말과 행동이 일치하는 생활을 해야 합니다. 믿음은 생활로서 입증됩니다. 믿음은 바로 생활입니다.

3. 왜 거짓말을 합니까?

1) 악의를 품었기 때문입니다.

성경은 말씀합니다. "불량한 자는 악을 꾀하나니 그 입술에는 맹렬한 불 같은 것이 있느니라"(잠언 16:27), "또한 저희가 마음에 하나님 두기를 싫어하매 하나님께서 저희를 그 상실한 마음대로 내어 버려 두사 합당치 못한 일을 하게 하셨으니 곧 모든 불의, 추악, 탐욕, 악의가 가득한 자요 시기, 살인, 분쟁, 사기, 악독이 가득한 자요 수군수군하는 자요"(로마서 1:28-29), "내가 갈 때에 너희를 나의 원하는 것과 같이 보지 못하고 또 내가 너희에게 너희의 원치 않는 것과 같이 보일까 두려워하며 또 다툼과 시기와 분냄과 당짓는 것과 중상함과 수군수군하는 것과 거만함과 어지러운 것이 있을까 두려워하고"(고린도후서 12:20).

원한을 품거나 의도적으로 남을 파괴하려고 노리는 것, 즉 원한과 원망이 많으면 거짓말을 하게 됩니다.

2) 공포심 때문입니다.

아담과 하와는 하나님께서 따먹지 말라고 하신 선악과를 따먹고 죄를 지었을 때에 두려워하여 하나님의 질문에 거짓말을 했습니다. 자신의 잘못을 부인하고 남자는 여자에게 여자는 뱀에게 핑계했습니다. 거짓말의 원인은 공포심에서 나옵니다. 그 공포심은 죄를 지을 때 찾아옵니다.

3) 부주의 때문입니다.

성경은 말씀합니다. "내가 경겁 중에 이르기를 모든 사람은 거짓말쟁이라 하였도다"(시편 116:11).

일을 신중하게 처리하지 못하고 생각 없이 하는 말이 거짓말이 됩니다. 부분적인 지식 때문에 확실하게 모르고 내 던지는 것입니다. 함부로 말하는 것이 다 거짓말의 동기가 됩니다.

4) 지나친 자기 자랑 때문입니다.

지나치게 자기 자랑을 하다보면 거짓말을 하게 됩니다. 우리는 자기 자신의 모습을 정확하게 알아야 합니다. 지나친 자기 자랑은 자신과 남을 속이고 하나님을 속이는 것이 됩니다. 자기의 모습을 바라보고 겸손히 엎드려야 합니다. 이 때에 거짓말의 유혹을 이길 수 있습니다.

5) 부분적인 진리 때문입니다.

두 사람이 다툴 때에 양편의 말을 다 들어보지 않고 한편만 듣고 그대로 비판하면 그것이 거짓말이 될 수 있습니다.

바리새인들과 사두개인들은 예수님을 바로 보지 못했습니다. 그들은 예수님을 하나님의 아들로, 메시야로 바로 보지 못했기 때문입니다. 그들은 자신들이 가진 부분적인 지식만을 고집했기 때문에 예수님을 대적하고, 십자가에 못 박게 하는 큰 죄를 저지르고 말았습니다. 진리를 바로 알지 못할 때 거짓말을 하게 됩니다.

모든 거짓말의 배후에는 마귀가 있습니다. 거짓은 마귀에게서 시작되었고, 지금도 마귀에 의해서 만들어지고, 앞으로도 마귀에 의하여 계속될 것입니다.

4. 승리의 비결

어떻게 하면 거짓말로부터 이길 수 있습니까?

1) 말을 적게 하고 주님 앞에 열납되는 말을 하도록 해야 합니다.

성경은 말씀합니다. "말이 많으면 허물을 면키 어려우나 그 입술을 제어하는 자는 지혜가 있느니라"(잠언 10:19), "내 사랑하는 형제들아 너희가 알거니와 사람마다 듣기는 속히 하고 말하기는 더디 하며 성내기도 더디 하라"(야고보서 1:19), "그가 곤욕을 당하여 괴로울 때에도 그 입을 열지 아니하였음이여 마치 도수장으로 끌려가는 어린 양과 털 깎는 자 앞에 잠잠한 양같이 그 입을 열지 아니하였도다"(이사야 53:7).

우리 사람에게는 귀가 둘이요 혀는 하나입니다. 그 이유는 듣기는 잘하고 말은 적게 하며 조심하라는 뜻이라고 합니다.

성도 여러분, 우리는 이렇게 고백하는 성도가 됩시다. "나의 반석이시요 나의 구속자이신 여호와여 내 입의 말과 마음의 묵상이 주의 앞에 열납되기를 원하나이다"(시편 19:14).

2) 남의 일에 참견하지 말고 자기의 맡은 일에 충실해야 합니다.

어떤 처녀가 폐결핵으로 죽어 가는 오빠를 살리기 위해 자기의 몸을 팔아 오빠를 구했다고 합니다. 이것은 좋은 방법은 아닙니다. 그런데 교회 안의 교인들이 이 이야기에 대한 소문을 퍼뜨려 오빠가 그 사실을 알게 되자 그 오빠는 그 충격으로 자살하고 말았습니다. 자기의 몸을 팔면서까지 살려놓은 오빠가 목숨을 끊자 이 처녀도 뒤따라 죽어버리고 말았습니다. 장례식 날에 그 교회의 목사님이 설교를 하였습니다. "하나님께서 심판날에 너

아무개 목사야! 네가 내 양떼를 얼마나 돌보았느냐?" 하고 물으신다면, 저는 "예, 저는 양은 한 마리도 없고 이리떼만 데리고 왔습니다." 하고 말할 수밖에 없다고 하였습니다.

성도 여러분, 우리는 다른 사람을 판단하는 일을 너무 쉽게 해서는 안됩니다. 우리는 너무 함부로 말을 내 뱉아 남의 영혼을 파괴하는 죄를 범해서는 안됩니다. 우리는 남의 일에 지나치게 간섭하지 말고 항상 나 자신의 영혼을 살피며 내게 주신 사명에 충성을 다하는 성도가 되어야 하겠습니다.

3) 경건에 힘쓰고 참된 사랑의 말을 하는 훈련을 해야 합니다.

"오직 사랑 안에서 참된 것을 하여 범사에 그에게까지 자랄지라 그는 머리니 곧 그리스도라"(에베소서 4:15), "그런즉 거짓을 버리고 각각 그 이웃으로 더불어 참된 것을 말하라 이는 우리가 서로 지체가 됨이니라"(에베소서 4:25).

성도 여러분, 우리는 범사에 경건한 삶을 살고 참된 말을 하도록 힘써야 합니다. 어떻게 하면 하나님의 영광을 나타내고 주를 기쁘시게 할 것인가, 주의 교회를 위해 봉사할 것인가, 어떻게 하면 참된 사랑의 말을 할 것인가를 위해 기도하고 애쓰는 성도가 됩시다.

4) 다른 사람이 나를 중상하는 것과 다른 사람을 험담하

는 말을 무시해야 합니다.

다른 사람이 나를 비난하고 중상할 때 분해서 소리를 치거나 잠을 이루지 못한다면 우리는 아직도 신앙인격과 수양이 부족한 사람임을 인정해야 합니다. 왜냐하면 진실은 반드시 승리하기 때문입니다. 우리 주님은 모든 것을 다 알고 계십니다. 그리고 우리는 다른 사람의 험담이나 나쁜 말을 기억하지 말아야 합니다.

어느 성자는 자기의 언어 생활의 훈련을 위해서 늘 자신에게 세 가지 질문을 했습니다.
첫째, 이 이야기는 사실인가?
둘째, 이 이야기는 상대방에게 말하는 것이 친절한 것인가? 좋은 것인가?
셋째, 이 이야기는 꼭 해야만 하는가?

성도 여러분, 우리는 늘 나 자신을 살펴보아야 합니다. 그리고 남이 비방하고 험담을 할 때에 솔직히 먼저 자신의 연약함을 발견하고 비판하고 회개해야 합니다. 하나님 앞에서 나 자신의 잘못이 있는가를 살펴보아야 합니다. 먼저 나를 치고 나를 죽이는 것이 천국백성으로서 성장하는 길이요, 진정 승리하는 길임을 기억하시길 바랍니다.

5) 성령의 인도하심을 구해야 합니다.

성경은 가르칩니다. "곧 허탄과 거짓말을 내게서 멀리 하옵시며 나로 가난하게도 마옵시고 부하게도 마옵시고 오직 필요한 양식으로 내게 먹이시옵소서"(잠언 30:8).

우리는 연약하고 실패하여 범죄 할 수 있는 가능성을 가진 존재들입니다. 그러므로 우리는 전능하신 성령의 도우심과 인도하심을 받아야 합니다.

오순절에 성령이 임재할 때 성령께서 제자들의 혀를 주장하셨습니다. 그들의 입술에서 찬송이 흘러나오고 복음이 터져 나왔습니다. 감사가 나오고 신비한 언어가 쏟아졌습니다.

하나님은 이사야 선지자를 부르실 때 먼저 그의 혀를 제단의 숯불로 정하게 씻어주신 다음에 주의 복음을 외치게 하셨습니다.

성도 여러분, 우리의 혀는 성령의 불로써 지져야 합니다. 우리의 입술에서 얼마나 무서운 악독과 저주가 쏟아져 나옵니까? 그러므로 "주여! 성령으로 내 입술을 정하게 하소서, 내 혀를 붙잡아 주소서, 내 언어를 주장하소서."가 우리의 매일의 기도가 되기를 바랍니다.

성도 여러분, 우리 하나님은 진리의 하나님이십니다. 하나님은 거짓을 미워하십니다. 하나님은 우리와 진리 안에서 교제하기를 원하십니다. 베드로 사도는 말합니다. "그러므로 생명을 사랑하고 좋은 날 보기를 원하는 자는 혀를 금하여 악한 말을 그치며 그 입술로 궤휼을 말하지 말고 악에서 떠나 선을 행하고 화평을 구하여 이를 좇으라"(베드로전서 3:10-11).

성도 여러분, 우리에게 주신 단 하나의 혀로 무슨 말을 하겠습니까? 우리는 결코 거짓 증거를 해서는 안됩니다. 우리는 진실을 말해야 합니다. 우리는 주님을 찬양하고 복음을 전해야 합니다.

독일의 기독교 자매가 설(舌)암으로 혀를 절단할 수밖에 없었습니다. 의사와 간호사가 마지막으로 하고 싶은 말을 하라고 했습니다. 오직 그녀의 생애에 단 한 번 말할 수 있는 기회였습니다. 그녀는 "주 예수님, 주님의 은혜가 이미 저에게 족합니다. 제가 주 예수님을 사랑하며 찬양합니다." 그녀는 이렇게 감격스러운 간증을 했습니다.

사랑하는 성도 여러분!
하나님은 우리에게 제 9계명 "거짓 증거하지 말지니라"를 주셨습니다. 우리의 남은 세월 동안에 우리의 입술로 하나님을 찬양하고, 항상 기뻐하고 쉬지 말고 기도하고 범사에 감사하며 진리만을 외칩시다. 그리고 주 예수님만을 자랑하고 높이며 주님만을 사랑하는 성도가 됩시다. 아멘.

제 10 계명
이웃의 것을 탐내지 말라

제 10 계명

이웃의 것을 탐내지 말라
(출애굽기 20:17)

이 세상을 살아가면서 지켜야 할 것은 일반도덕과 법률입니다. 만약 이것을 어긴다면 벌을 받게 됩니다. 그러나 하나님의 백성인 우리 신자들에게는 더욱 중요한 것이 있습니다. 그것은 불꽃과 같은 눈으로 우리의 마음을 감찰하시는 하나님 앞에서 지켜야 하는 하나님의 법, 즉 하나님께서 주신 계명입니다.

우리는 지금까지 십계명에 대한 말씀을 생각해 왔습니다. 제1계명에서 9계명까지는 다 우리가 하나님 앞에서 어떻게 살아야 할 것인가를 말씀해 준 행동 강령들입니다. 9계명까지의 모든 계명은 모든 범죄 행위가 눈으로 볼 수 있는 것들입니다.

그렇지만 제 10계명 "네 이웃의 집을 탐내지 말지니라"는 내적 생각, 즉 마음을 어떻게 다스려야 하는가 하는 마음의 강령입니다. 제 10계명은 눈으로 볼 수 없는 죄입니다. 그러나 실제 존재하는 죄입니다. 탐심은 죄의 욕망이요, 죄의 동기요, 눈에 보이지 않지만 실재하는 죄입니다. 모든 죄는 이 탐심에서 비롯됩니다.

1. 탐심이란 무엇입니까?(탐심의 정의)

1) 세상을 얻는 데 만족 할 수 없는 욕망을 말합니다.

헬라말로 탐심은 "$πλεονεξια$"(플레오넥시아), 영어로는 greed, covetousness입니다.

어거스틴은 말하기를 탐욕은 "충분함 이상으로 욕망을 품은 것"이라고 했습니다. 성경은 증거합니다. "거머리에게는 두 딸이 있어 다고 다고 하느니라 족한 줄을 알지 못하여 족하다 하지 아니하는 것 서넛이 있나니"(잠언 30:15).

탐욕은 하마가 강물이 흘러 넘쳐도 놀라지 않고 요단강이 불어 그 입에 미칠지라도 만족하지 못하는 것과 같습니다. "하수가 창일한다 할지라도 그것이 놀라지 않고 요단 강이 불어 그 입에 미칠지라도 자약하니"(욥기 40:23).

2) 돈을 사랑하는 것, 세상에 대한 지나친 사랑을 말합니다.

탐욕은 헬라말로는 "$φιλαργυρια$"(휠랄귀리아), 영어로는 love of money입니다. 세상을 너무 사랑하면 우상이 됩니다. 세상을 지나치게 사랑하는 것이 바로 탐욕입니다.

3) 탐심은 남의 것을 계속해서 바라고 탐하는 욕망입니다.

탐심은 더욱 많이, 지나치게 갖고자 하는 마음입니다.

4) 악한 소욕, 혹은 불법적인 욕심을 가르키는 것입니다.

탐심의 히브리어는 타바(תבאה)로, "내게 소유권이 없는 것을 불의하고 부당한 방법으로 탐하는 것"을 말합니다.

제 10계명의 가르침은 "네 이웃의 집을 탐내지 말라, 네 이웃의 아내나 그의 남종이나 그의 여종을 탐내지 말라, 이웃의 소나 그의 나귀나 무릇 네 이웃의 소유를 탐내지 말라"는 것입니다.

5) 부정직하게 얻는 것, 혹은 불의한 이득을 말합니다.

소욕은 히브리어로 벳사(בצה)입니다. 이것은 어떤 사물이나 사람을 소유할 권리가 없는 사람이 어떤 것 또는 어떤 사람을 소유하려는 마음입니다.

가령 월급이 100만원인 사람이 앞으로 열심히 노력해서 200만원 받는 사람이 되어야겠다고 마음을 먹는 것은 탐욕이 아닌 소원이요 의지요 발전적인 자세입니다. 그러나 이웃의 아내나 남편을 빼앗아야겠다고 마음 먹는 것은 탐심입니다. 그리고 자기에게 없는 물건을 반드시 소유해야겠다고 마음먹는 것도 탐심입니다.

2. 탐심이란 어떤 죄입니까?

1) 탐심은 죄악의 뿌리입니다.

성경은 이렇게 말씀합니다. "욕심이 잉태한즉 죄를 낳고 죄가 장성한즉 사망을 낳느니라"(야고보서 1:15), "돈을 사랑함이 일만 악의 뿌리가 되나니 이것을 사모하는 자들이 미혹을 받아 믿음에서 떠나 많은 근심으로써 자기를 찔렀도다"(디모데전서 6:10).

인류 최초의 죄는 아담과 하와가 에덴동산에서 하나님이 금하신 열매를 탐하였기 때문에 저지른 범죄입니다.

사울왕이 아말렉 전투에서 하나님의 말씀을 어기고 불순종한 것은 짐승이 탐났기 때문입니다. 그는 그 죄를 시작으로 왕위를 빼앗기게 되었습니다. 아합왕이 나봇의 포도원을 탐내다가 꾀병을 부리고, 간사한 왕후 이세벨이 비류들을 동원해서 거짓으로 나봇을 무고하게 돌로 쳐죽이는 죄를 범하였습니다. 그는 탐심으로 거짓말을 하게 되고 사람을 죽이는 죄를 저지르고 말았습니다. 원인은 탐심이었습니다.

부자 청년이 영생을 구하러 예수님을 찾아왔습니다. 그러나 예수님은 그가 재물에 사로 잡혀 있음을 아시고 "재산을 가난한 자들에게 나누어주고 너는 나를 좇으라"고 말씀하시자 그 청년은 근심하며 돌아갔습니다. 그 이유는 많은 재물로 인해 탐심으로 가득해 있었기 때문입니다. 그는 재물에 대한 탐심 때문에 영생의 기회를 영원히 놓치고 말았습니다.

아나니아와 삽비라 부부도 물질과 명예에 대한 탐심 때문에 하나님과 교회를 속이고 거짓말을 했습니다. 그 결과 자신들도 죽임을 당하고 교회도 시험에 빠지게 되었습니다.

총독 벨리스는 바울을 통해서 뇌물을 얻으려는 탐심으로 인해 사도 바울을 불러서 하나님의 복음을 듣는 황금 같은 기회를 상실하고 말았습니다. 그는 탐심 때문에 영생의 도리를 놓치고 만 것입니다.

엘리사는 자신으로 인해 문둥병이 낫게 된 나아만 장군이 재물을 비치려고 하자 사양했습니다. 그런데 엘리사의 종 게하시가 그 재물을 탐하여 다시 찾아가 거짓말로 재물을 받아 숨겨두었다가 나아만의 문둥병을 자신이 얻고 말았습니다.

아간은 이스라엘이 여리고 전투에서 승리했을 때 하나님의 명령을 어기고 시날산 외투 한 벌과 금과 은 이백 세겔을 숨겨 놓았습니다. 그 결과 이스라엘은 전쟁에서 패하고 자신들의 가족은 몰살당하는 비극을 초래하고 말았습니다.

탐심은 그 죄 하나로 끝나는 것이 아닙니다. 탐심은 모든 죄를 가져오는 원천적인 동기가 됩니다.

제 6계명은 "살인하지 말지니라"고 했는데 이것은 이웃의 생명을 탐하지 말라는 것입니다.

제 7계명은 "간음하지 말지니라"고 했는데 이것은 이웃의 정조를 탐하지 말라는 것입니다.

제 8계명은 "도적질 말지니라"고 했는데 이것은 이웃의 소유를 탐하지 말라는 것입니다.

제 9계명은 "거짓말 말지니라"고 했는데 이것은 이웃의 명예를 탐하지 말라는 것입니다.

제 10계명이 금하는 탐심이야말로 모든 사람 누구에게나 다 있는 죄악의 뿌리인 것을 기억해야 합니다.

2) 탐심은 우상 숭배입니다.

성경은 증거합니다. "그러므로 땅에 있는 지체를 죽이라 곧 음란과 부정과 사욕과 악한 정욕과 탐심이니 탐심은 우상 숭배니라"(골로새서 3:5).

하나님보다 더 사랑하는 무엇을 가진 것을 우상 숭배라고 합니다.

성경은 우상 숭배하는 자에게 경고합니다. "저희의 마침은 멸망이요 저희의 신은 배요 그 영광은 저희의 부끄러움에 있고 땅의 일을 생각하는 자라"(빌립보서 3:19).

사람이 탐심에 빠지게 되면 그 탐심이 그 사람의 사고, 동기, 관념, 마음의 생각, 정서를 가장 강력하게 지배하게 됩니다. 그 것들을 하나님보다 더 사랑하면 우상 숭배하는 것이 됩니다. 돈을 사랑하는 탐심은 그의 영혼을 물질에 대한 욕심으로 가득 채우게 되고 그 사람의 표정까지 바꿔 버립니다.

성경은 돈을 사랑하는 자에게 말씀합니다. "은을 사랑하는 자는 은으로 만족함이 없고 풍부를 사랑하는 자는 소득으로 만족함이 없나니 이것도 헛되도다"(전도서 5:10).

이 탐심은 계속 우리를 죄악 속으로 한없이 빠져들게 합니다. 마치 무저갱의 심연처럼 죄악 속에 빠져 죽게 됩니다. 그렇기 때문에 탐심은 우상 숭배가 됩니다. 탐심은 모든 계명을 위반하는 것입니다.

제 1계명은 "너는 나 외에는 다른 신들을 네게 있게 말지니라"(출애굽기 20:3)입니다. 그러나 오늘날 탐심 때문에 하나님보다 돈이나 명예를 더 사랑하는 일이 얼마나 많습니까? 제 2계명은 "하나님 외에 다른 형상은 만들거나 절하고 섬기지 말라"(출애굽기 20:4)는 것입니다. 그러나 오늘날 탐심 때문에 세상의 권세나 명예나 인기와 돈 앞에 굴복하고 섬기는 일이 얼마나 많습니까? 제 3계명은 "하나님의 이름을 망령되이 일컫지 말라"(출애굽기 20:7)는 것입니다. 그러나 우리가 탐심을 품음으로 하나님의 이름을 욕되게 하는 일이 얼마나 많습니까? 제 4계명은 "안식일을 기억하여 거룩히 지키라"(출애굽기 20:8)는 것입니다. 그러나 탐심은 안식일을 거룩하게 지키는 것을 등한시 여기게 하고 있지 않습니까? 제 5계명은 "네 부모를 공경하라"(출애굽기 20:12)는 것입니다. 그러나 오늘날 많은 사람들이 탐심 때문에 부모 공경을 무시합니다. 제 6계명은 "살인하지 말지니라"(출애굽기 20:13)입니다. 그러나 탐심 때문에 얼마나 많은 살인이 일어나고 있습니까? 제 7계명은 "간음하지 말지니라"(출애굽기 20:14)입니다. 그러나 탐심으로 얼마나 많은 성적범죄가 일어나고 있습니까? 제 8계명은 "도적질하지 말지니라"(출애굽기 20:15)입니다. 그러나 오늘날 탐심으로 인하여 얼마나 많은 도적질이 행해지고 있습니까? 제 9계명은 "거짓증거하지 말지니라"(출애굽기 20:16)입니다. 그러나 탐심으로 인해 얼마나 많은 거짓말을 하고 있습니까? 제 10계명은 "네 이웃의 것을 탐내지 말라"(출애굽기 20:17)는 것입니다. 그러나 오늘날 얼마나 많은 사람들이 이웃의 것을 탐내고 있습니까?

결국 탐심은 하나님보다 다른 것들을 더 사랑하는 것입니다. 탐심은 우상을 만들어 냅니다.

3) 탐심의 죄는 가장 경계하고 있는 죄입니다.

어느 마을에 한 부자가 풍년이 들어 곡간을 더 크게 하고 그곳에 곡식을 쌓아 두고 하는 말이 "내 영혼아, 이제부터 평안히 쉬고 먹고 마시고 즐거워하자."고 했습니다. 그 때에 하나님이 그에게 말씀하셨습니다. "이 어리석은 자야, 오늘밤에 내가 네 영혼을 도로 찾으리니 네가 수고하여 쌓은 이 모든 것이 뉘 것이 되겠느냐?"

시대가 타락할 때마다 선지자들은 이 탐심을 물리치라고 경고했습니다. 오늘날 왜 부정부패, 대형사고, 사기, 위조사건들이 더해갑니까? 그것은 탐심 때문입니다. 탐심의 물결이 사람의 마음속에 침식해 들어오면 사회는 썩어지고 망하게 됩니다. 정치인들이 탐심에 빠지면 바른 정치를 하지 못합니다. 재판관들이 탐심에 빠지면 공의로운 판결을 할 수 없습니다. 기업인들이 탐심에 빠지면 경제 파탄이 옵니다. 교사가 탐심에 빠지면 이상적인 교육, 전인적인 교육은 기대할 수 없습니다. 목사가 탐심에 빠지면 하나님의 말씀을 바르게 선포하지 못합니다.

주님은 탐심을 경계하셨습니다. "삼가 모든 탐심을 물리치라 사람의 생명이 그 소유의 넉넉한 데 있지 아니하니라"(누가복음 12:15), "이는 그들이 가장 작은 자로부터 큰 자까지 다 탐남하며 선지자로부터 제사장까지 다 거짓을 행함이라"(예레미야 6:13).

탐심은 우리의 사고력과 이성, 신앙인격을 흐리게 한다는 것을 항상 마음속에 새기고 경계해야 합니다.

3. 탐심의 종류

1) 유형적인 탐심이 있습니다.

①물질에 대한 탐심이 있습니다.
오늘 제 10계명은 "네 이웃의 집을 탐내지 말지니라 네 이웃의 아내나 그의 남종이나 그의 여종이나 그의 소나 그의 나귀나 무릇 네 이웃의 소유를 탐내지 말지니라"(출애굽기 20:17)입니다.

하나님께서 우리에게 물질을 주신 것은 그 물질을 가지고 하나님께 영광을 돌리게 하려는 것입니다. 그런데 우리는 오히려 그 물질의 노예가 되어 버렸습니다. 그 물질 때문에 신앙도 팔고 인격도 팔고 몸도 의리도 팔아버리는 세상이 되었습니다.

㉠사람이 물질의 노예가 되면 정직하게 살지 못합니다.
발람 선지자는 하나님 앞에서 기도하면 무엇이나 응답 받는 종이었습니다. 그러나 모압왕 발락이 그에게 많은 물질로 세 번이나 유혹했습니다. 그러자 그는 물질의 유혹에 빠져 하나님의 백성인 이스라엘을 저주하는 시험에 들게 되었습니다.

프랑스에 어느 백만 장자가 있었는데 구두쇠였습니다. 큰 재물을 모아서 그것을 보는 것이 그의 기쁨이었습니다. 그는 재물을 안전하게 보관하기 위해서 포도주 저장실을 깊이 파고, 그 저장실에 다시 깊숙이 굴을 뚫고 사다리를 타고 내려가서 거기에다 황금을 감추어 두었습니다. 그리고 굴의 입구에는 용수철 자물쇠를 만들어 두었습니다. 그런데 어느날 갑자기 이 백만 장자가 실종되고 말았습니다. 아무리 찾아도 찾지 못하였습니다. 세월이 지나 그 사람의 집이 다른 사람에게 매각되었습니다. 어느날 그 집의 새 주인이 지하실에서 그 문을 발견했습니다. 문을 열고 들어가 보니 그 속에는 옛날 주인이 황금을 두 손으로 잡은 채 엎드려져 죽어 있는 것을 발견했습니다. 나중에 알고 보니, 그가 들어간 후에 그 문이 자동적으로 닫혀버렸고, 문을 여는 열쇠는 그 주인만이 가지고 있었으므로 아무도 그 문을 열어줄 수가 없었던 것입니다. 그래서 부자는 자기만이 아는 비밀스런 굴속에서 황금을 손에 쥔 채 죽고 말았습니다. 이것이 물질의 노예요, 그 비참한 최후입니다.

우리는 지나치게 돈에 대한 욕심을 갖지 맙시다. 너무 많은 이익을 남기려 해서도 안됩니다. 재물을 너무 많이 모아두려고 해서도 안됩니다. 지나치게 자기 몫을 챙기려 하지도 말아야 합니다.

그러나 우리는 정당하게 경제활동을 할 수 있습니다. 오히려 엿새동안은 적극적으로 더 열심히 일해야 합니다.

제 10계명은 탐심에 의한 부당한 방법으로 물질을 모으는 것을 경고합니다. 왜냐하면 그것은 하나님 앞에서 죄악이 되기 때문입니다.

아르헨티나의 대통령은 오늘날의 우리에게 의미 있는 말을 남겼습니다. "미국은 하나님을 찾아와서 신앙도 찾고 황금도 찾았는데, 우리는 황금을 찾으러 왔다가 황금도 찾지 못하고 하나님도 잃어버렸다." 이 모든 것이 탐심이 원인입니다.

성도 여러분, 우리는 결단코 물질 때문에 하나님을 잃어버리고 물질 때문에 말씀을 잃어버리는 어리석은 사람이 되지 맙시다. 우리 모두 우리에게 주신 물질로 하나님을 위해 잘 사용함으로 하나님도 찾고 물질도 찾는 성도가 됩시다.

②사람에 대한 탐심이 있습니다.
오늘의 본문 말씀 - "네 이웃의 집을 탐내지 말지니라 네 이웃의 아내나 그의 남종이나 그의 여종이나 그의 소나 그의 나귀나 무릇 네 이웃의 소유를 탐내지 말지니라"(출애굽기 20:17)는 이웃의 아내와 그의 남종과 여종을 탐내지 말라는 말씀입니다. 즉 사람에 대하여 탐심을 가지지 말라는 경고입니다.

다윗은 신하 우리야의 아내 밧세바를 탐내어 빼앗았습니다. 남의 가정을 파괴해 버린 것은 바로 탐심입니다. 다른 사람의 남자, 다른 사람의 아내를 탐내는 것은 가정파탄을 초래하고 사회질서를 파괴합니다. 오늘날 사람에 대한 탐심으로 인하여 얼마나 많은 비극이 일어나고 있습니까? 이 비극의 시작은 바로 사람에 대한 탐심에서 오는 것입니다.

2) 무형적인 탐심이 있습니다.

①명예에 대한 탐심이 있습니다.

아브라함 링컨을 죽인 살인범 존 부스라는 사람은 어렸을 때부터 형과의 많은 콤플렉스를 가지고 느끼며 자랐습니다. 그의 형은 아주 똑똑하여 나중에 훌륭한 정치가가 되었습니다. 그러나 존 부스는 항상 부모에게 꾸중을 들었습니다. 그러자 마음속으로 "나같이 못난 것, 어떻게 하면 유명한 사람이 될 수 있을까?" 하고 생각했습니다. 그래서 좋은 아이디어가 떠올랐는데 바로 유명해지기 위해서는 유명한 사람을 죽이면 되겠다는 생각이었고 그 대상은 링컨이었습니다. 잘못된 명예에 대한 탐심은 위대한 인물을 죽이는 결과를 가져 왔습니다.

예수님의 제자들도 명예심이 대단했습니다. 그래서 야고보와 요한은 어머니 살로메까지 동원해서 주님 앞에 간구했습니다. "주여, 주의 나라가 임하실 때에 하나는 주의 우편에 하나는 주의 좌편에 앉게 해 주십시오." 그러자 다른 열 제자들이 분을 내었습니다. 제자들은 서로 높은 자리를 원했습니다.

높은 자리는 매력이 있는 자리인 모양입니다. 자기가 앉으면 내려갈 줄 모르고 다른 사람이 앉으면 시기하며 축출해 버리려 하지 않습니까?

그러나 하나님의 교회는 다릅니다. 교회의 직분은 다 봉사직입니다. 다 섬기는 자리입니다. 중요한 직분을 받은 분은 더 열심히, 더 겸손히 섬기는 것이 당연합니다. 그러나 주요 직분을 받지 못해도 감사함으로 섬기는 것이 바로 교회입니다. 그렇지만 명예는 얻고 싶어하면서 섬기지 않는 것은 탐심입니다. 우리 예수님이 이 세상에 오신 것은 섬김을 받으려 함이 아니라 섬기려하심 이었습니다. 성경은 말씀합니다. "인자의 온 것은 섬김을 받으려 함이 아니라 도리어 섬기려 하고 자기 목숨을 많은 사람의 대속물로 주려 함이니라"(마가복음 10:45).

예수님은 자신의 생명을 우리를 위해 내어주시면서 까지 섬김의 본을 보이셨습니다. 예수 그리스도를 본받아 우리 모두 명예에 대한 탐심을 버리고, 주 예수 그리스도를 본받아 겸손히 섬기는 삶을 살아가는 성도가 됩시다.

②쾌락에 대한 탐심입니다.

오늘날 사람들은 어떻게 하면 더 즐기면서 살 것인가에 관심이 많습니다. 쾌락을 통하여 만족을 얻기 위해 연구하고 사업하고 즐기려고 애쓰는 세상입니다. 쾌락의 철학자 에피큐러스(Epicurus)는 "쾌락은 인생의 행복의 덕이다."라고 찬양하였으나 오히려 불행하게 만들고 말았습니다. 그는 나중에 말하기를 "인간의 행복은 소원의 증가에 있는 것이 아님을 알았다. 오히려 소원욕 그 자체를 버리면 행복이 따른다."고 했습니다.

성도 여러분, 이 세상에는 영원한 쾌락은 없습니다. 영원한 쾌락의 원천은 오직 예수 그리스도요, 살아있는 하나님의 말씀이요, 성령 안에 있습니다.

③지식에 대한 탐심입니다.

오늘날 이 시대는 많은 지식을 필요로 합니다. 그러나 목적과 방향이 선하지 않고 다만 지식의 축적을 위한 지식, 또는 지식을 위한 지식만을 추구한다면 그 결과는 아주 위험하고 멸망을 초래할 수밖에 없을 것입니다.

무신론자들의 전쟁무기 개발은 인류 파멸을 초래하게 될 것입니다. 많은 비신앙적인 지식은 사람을 더욱 더 타락시키며 사회를 더욱 더 어렵게 만들 것입니다.

전도서 기자는 말합니다. "지혜가 많으면 번뇌도 많으니 지식을 더하는 자는 근심을 더하느니라"(전도서 1:18).

참 지식은 예수 그리스도 안에 있습니다. 참 지식은 진리의 말씀인 성경 안에 있습니다.

그러므로 우리는 세상의 지식에 대한 탐심 보다 더 근본적인 예수 그리스도를 아는 지식이 가장 고상함을 알고, 그리스도 안에서 말씀 안에서의 영원한 진리, 참된 지식을 쌓아 가는 성도가 됩시다.

4. 탐심의 결과

1) 탐심의 결과는 신앙이 자라지 않습니다.

성경은 말씀합니다. "누구든지 다른 교훈을 하며 바른 말 곧 우리 주 예수 그리스도의 말씀과 경건에 관한 교훈에 착념치 아니하면 저는 교만하여 아무것도 알지 못하고 변론과 언쟁을 좋아하는 자니 이로써 투기와 분쟁과 훼방과 악한 생각이 나며 마음이 부패하여지고 진리를 잃어버려 경건을 이익의 재료로 생각하는 자들의 다툼이 일어나느니라"(디모데전서 6:3-5).

탐심은 가시떨기에 떨어진 씨앗이 세상의 유혹과 물질의 욕심 때문에 열매를 맺지 못하는 것과 같습니다. 그러므로 탐심은 신앙이 자라지 못하게 합니다.

2) 탐심의 결과는 장수하지 못합니다.

성경은 말씀합니다. "무지한 치리자는 포학을 크게 행하거니와 탐욕을 미워하는 자는 장수하리라"(잠언 28:6).

톨스토이의 이야기 가운데 욕심 많은 농부의 이야기가 있습니다. 어떤 농부가 왕으로부터 "네가 하루 동안에 밟고 걸어 다니는 땅을 다 네게 주겠다."는 제안을 받았습니다. 이 농부는 아침 일찍 일어나서 뛰기 시작했습니다. 많은 땅을 차지하기 위해서 최대한 있는 힘을 다해서 달릴 수밖에 없었습니다. 밤늦게까지 달리고 또 달렸습니다. 하루 종일 달려서 마지막으로 출발선에 도착한 그는 기진맥진한 나머지 쓰러져 죽어 버리고 말았습니다.

탐욕이 그의 목숨을 빼앗아갔습니다. 탐욕은 생명을 단축하고 맙니다.

3) 탐심의 결과는 여러 가지 시험에 빠지게 됩니다.

성경은 말씀합니다. "부하려 하는 자들은 시험과 올무와 여러 가지 어리석고 해로운 정욕에 떨어지나니 곧 사람으로 침륜과 멸망에 빠지게 하는 것이라"(디모데전서 6:9)

소유에 대한 욕심이 삶에 대한 욕심보다 강했을 때 문제가 일어나고 결국 파멸이 오고 맙니다.

4) 탐심의 결과는 자신과 공동체를 파멸시킵니다.

이스라엘 백성들은 아간 한 사람의 탐심으로 인해 아이성 전투에서 패하였습니다. 그리고 자신과 그의 가족들은 모두 돌에 맞아 죽임을 당하고 말았습니다.

모세의 장인 이드로는 모세를 도울 백성의 지도자를 선택할 때에 지도자의 자격 가운데 가장 중요한 것으로 '불의를 미워하는 자'라야 한다고 말했습니다. 탐심이 없는 자라야 불의를 미워하게 됩니다. 탐심이 없는 자라야 하나님의 교회에 올바른 지도자가 될 수 있습니다.

성경은 말씀합니다. "그대는 또 온 백성 가운데서 재덕이 겸전한 자 곧 하나님을 두려워하며 진실무망하며 불의한 이를 미워하는 자를 빼서 백성 위에 세워 천부장과 백부장과 오십부장과 십부장을 삼아"(출애굽기 18:21), "그러므로 감독은 책망할 것이 없으며 한 아내의 남편이 되며 절제하며 근신하며 아담하며 나그네를 대접하며 가르치기를 잘하며 술을 즐기지 아니하며 구타하지 아니하며 오직 관용하며 다투지 아니하며 돈을 사랑치 아니하며 자기 집을 잘 다스려 자녀들로 모든 단정함으로 복종케 하는 자라야 할지며 사람이 자기 집을 다스릴 줄 알지 못하면 어찌 하나님의 교회를 돌아보리요 새로 입교한 자도 말지니 교만하여져서 마귀를 정죄하는 그 정죄에 빠질까 함이요 또한 외인에게서도 선한 증거를 얻은 자라야 할지니 비방과 마귀의 올무에 빠질까 염려하라 이와 같이 집사들도 단정하고 일구 이언을 하지 아니하고 술에 인박이지 아니하고 더러운 이를 탐하지 아니하고 깨끗한 양심에 믿음의 비밀을 가진 자라야 할지니 이에 이 사람들을 먼저 시험하여 보고 그 후에 책망할 것이 없으면 집사의 직분을 하게 할 것이요"(디모데전서 3:2-10).

5) 탐심의 결과는 하나님 나라에 들어가지 못합니다.

부자 청년은 영생의 주인이 되시는 예수님 앞에 스스로 나아와 영생의 도리를 직접 듣고도 재물에 대한 탐심 때문에 영생을 영원히 놓쳐 버렸습니다.

성경은 말씀합니다. "너희도 이것을 정녕히 알거니와 음행하는 자나 더러운 자나 탐하는 자 곧 우상 숭배자는 다 그리스도와 하나님 나라에서 기업을 얻지 못하리니"(에베소서 5:5).

탐심 하는 자는 천국에 들어가지 못합니다.

5. 탐심을 이기는 비결은 무엇입니까?

1) 탐심이 생길 때에 즉시 깨닫고 회개해야 합니다.

청교도였던 홉킨스(Hopkins)라는 유명한 설교가는 탐심이 행동의 범죄를 가져오기까지의 과정을 네 단계로 말했습니다.
첫째 단계는 생각입니다. 죄는 머리와 마음속에 스치고 지나가는 생각에서부터 시작합니다. 둘째 단계는 우리의 감정 속에 들어와서 쾌락을 즐기기 시작하는 것입니다. 즉 마음속에서 즐기기를 시작하는 단계입니다. 셋째 단계는 의지의 영역 속으로 들어와서 "한 번 해볼까?"로 바뀝니다. 넷째 단계는 행동직전에 자기를 합리화하는 것입니다. "그렇게 해도 괜찮을 거야." 하고 생각한 후에 행동으로 옮기게 됩니다.

그러므로 우리는 이런 탐심이 스치고 지나가게 될 때에 즉시 깨달아 회개하는 것이 탐심을 이기는 길임을 알아야 합니다. 우리 마음속에 탐심을 가지게 될 때 이미 죄를 지은 것으로 알고 회개해야 그 죄를 능히 이길 수 있습니다.

2) 탐심을 이기는 비결은 자족할 줄 알아야 합니다.

페르샤에 사다라는 시인이 있었는데 너무도 가난해서 신발을 신을 수가 없었습니다. 그런데 그가 맨발로 거리에 나가 마침 두 발이 없는 사람이 두 팔로 무릎을 의지한 채 기어가는 것을 보고는 마음속에 불평을 없앴다고 합니다.

토마스 왓슨 목사는 자족하는 방법을 두 가지로 말했습니다.
①우리의 형편이 하나님의 섭리가운데 있는 것을 믿으라는 것입니다.
하나님은 우리가 필요하다면 더 많이 주실 것입니다. 큰 재산을 주시지 않는 것은 우리가 그것을 감당할 수 없기 때문입니다.

오늘날은 죄를 짓지 않고는 많은 재산을 관리하기가 어렵다고 합니다. 그러므로 우리에게 주신 재산이 최선이라고 생각하고 자족하면 남의 것을 탐내지 않을 수 있습니다.

②적게 심판 받을 것을 생각하라는 것입니다.
모든 사람은 다 청지기입니다. 그러므로 모든 사람은 하나님 앞에서 계산할 때가 옵니다. 하나님이 우리에게 "너는 내가 너에게 맡긴 재산으로 어떤 선을 행했느냐? 네 재산으로 나를 공경했느냐? 이웃을 위하여 선을 행했느냐?"고 물으실 것입니다. 많이

가진 자가 이 질문에 대답을 하지 못하다면 수치를 당할 것입니다. 그러나 적게 가진 자는 적게 셈할 수 있으므로 적게 가진 것에 대해 자족할 수 있습니다. 이런 생각을 하면 남의 것을 탐내지 않게 됩니다.

성도 여러분, 우리도 사도 바울의 고백을 함으로 자족하는 삶을 살아서 탐심을 물리치는 성도가 되기를 바랍니다. 바울은 고백합니다. "내가 비천에 처할 줄도 알고 풍부에 처할 줄도 알아 모든 일에 배부르며 배고픔과 풍부와 궁핍에도 일체의 비결을 배웠노라 내게 능력 주시는 자 안에서 내가 모든 것을 할 수 있느니라"(빌립보서 4:12-13).

3) 탐심을 이기는 비결은 주는 것입니다.

성경은 말씀합니다. "어떤 자는 종일토록 탐하기만 하나 의인은 아끼지 아니하고 시제하느니라"(잠언 21:26).

탐심은 내가 자주 많이 가지려고 할 때에 나타나고 죄를 범하게 합니다. 구두쇠와 도적이 그렇습니다.

무디 신학교 학장인 스위팅(Sweeting) 박사는 "우리의 인생의 최후의 마지막 순간에 다다를 때에 문제가 되는 것은 우리가 얼마나 벌었느냐가 아니라 우리가 얼마나 주었느냐 하는 것이 될 것이다."라고 말했습니다.

알렉산더 대왕의 마지막 유언은 "내 시신을 담은 관에 구멍을 내어 나의 빈손이 나오게 하라."는 것이었습니다. 이것은 비록 이 세상을 정복해도 아무 것도 가져가지 못함을 보여주기 위한 교훈이 아니겠습니까?

우리 주님도 마태복음 25장의 최후의 심판 장면에서 상을 받는 오른편의 양과 심판을 받는 왼편의 염소와의 차이점은 "얼마나 많이 주었느냐?"인 것을 보여주셨습니다.

성도 여러분, 우리도 우리의 남은 세월 동안 "어떻게 하면 더 많은 것을 하나님께 드릴까? 어떻게 하면 이웃에게 더 많은 것을 줄 수 있을까?"에 전념하고 고민함으로 제 10계명의 유혹을 잘 물리칠 수 있는 성도가 됩시다.

4) 탐심을 물리치기 위해서는 영적인 일에 더욱 힘써야 합니다.

성경은 말씀합니다. "위엣 것을 생각하고 땅엣 것을 생각지 말라"(골로새서 3:2).

우리의 시민권은 하늘에 있습니다.

두 달란트를 가진 사람이 열심히 노력해서 부자가 되었습니다. 그는 예수 그리스도를 영접했습니다. 그는 자기 자신이 물질의 노예가 된 것을 깨닫고 하나님께 자신의 재물을 놓고 기도했

가진 자가 이 질문에 대답을 하지 못하다면 수치를 당할 것입니다. 그러나 적게 가진 자는 적게 셈할 수 있으므로 적게 가진 것에 대해 자족할 수 있습니다. 이런 생각을 하면 남의 것을 탐내지 않게 됩니다.

성도 여러분, 우리도 사도 바울의 고백을 함으로 자족하는 삶을 살아서 탐심을 물리치는 성도가 되기를 바랍니다. 바울은 고백합니다. "내가 비천에 처할 줄도 알고 풍부에 처할 줄도 알아 모든 일에 배부르며 배고픔과 풍부와 궁핍에도 일체의 비결을 배웠노라 내게 능력 주시는 자 안에서 내가 모든 것을 할 수 있느니라"(빌립보서 4:12-13).

3) 탐심을 이기는 비결은 주는 것입니다.

성경은 말씀합니다. "어떤 자는 종일토록 탐하기만 하나 의인은 아끼지 아니하고 시제하느니라"(잠언 21:26).

탐심은 내가 자주 많이 가지려고 할 때에 나타나고 죄를 범하게 합니다. 구두쇠와 도적이 그렇습니다.

무디 신학교 학장인 스위팅(Sweeting) 박사는 "우리의 인생의 최후의 마지막 순간에 다다를 때에 문제가 되는 것은 우리가 얼마나 벌었느냐가 아니라 우리가 얼마나 주었느냐 하는 것이 될 것이다."라고 말했습니다.

알렉산더 대왕의 마지막 유언은 "내 시신을 담은 관에 구멍을 내어 나의 빈손이 나오게 하라."는 것이었습니다. 이것은 비록 이 세상을 정복해도 아무 것도 가져가지 못함을 보여주기 위한 교훈이 아니겠습니까?

우리 주님도 마태복음 25장의 최후의 심판 장면에서 상을 받는 오른편의 양과 심판을 받는 왼편의 염소와의 차이점은 "얼마나 많이 주었느냐?"인 것을 보여주셨습니다.

성도 여러분, 우리도 우리의 남은 세월 동안 "어떻게 하면 더 많은 것을 하나님께 드릴까? 어떻게 하면 이웃에게 더 많은 것을 줄 수 있을까?"에 전념하고 고민함으로 제 10계명의 유혹을 잘 물리칠 수 있는 성도가 됩시다.

4) 탐심을 물리치기 위해서는 영적인 일에 더욱 힘써야 합니다.

성경은 말씀합니다. "위엣 것을 생각하고 땅엣 것을 생각지 말라"(골로새서 3:2).

우리의 시민권은 하늘에 있습니다.

두 달란트를 가진 사람이 열심히 노력해서 부자가 되었습니다. 그는 예수 그리스도를 영접했습니다. 그는 자기 자신이 물질의 노예가 된 것을 깨닫고 하나님께 자신의 재물을 놓고 기도했습니다. "하나님, 나로 하여금 물질의 노예가 되지 않고 이 물질을 지배하는 주인이 되게 해 주소서. 하나님의 그 큰 세상보다 더 큰 축복의 대상으로 나를 불러 주셨는데 내가 이런 하찮은 물질에 노예가 되다니요." 그 후 그는 자기가 가진 돈으로 유명한 웨슬레 대학을 창설하여 하나님께 바쳤습니다.

예수 그리스도를 모신 유명한 부자들 강철왕 앤드류 카네기, 백화점왕 워너 메이커, 콜게이트 치약으로 유명한 콜 게이트는 모두 그들에게 주신 많은 재산으로 하나님의 일을 위하여 영적인 일에 헌신한 성도들이었습니다.

우리에게 주신 물질로 하나님의 일과 영적인 선한 일에 힘써야 합니다. 우리는 "내 마음을 주의 증거로 향하게 하시고 탐욕으로 향치 말게 하소서"(시 119:36) 하고 기도하는 성도가 됩시다.

5) 탐심을 물리치는 비결은 예수 그리스도를 내 생활의 중심에 모시고 사는 것입니다.

주 예수 앞에 나오지 않고는 죄를 해결할 수도 없고 이길 수도 없습니다.

부자 삭개오는 예수 그리스도 앞에 나와서 그 분을 만남으로 그의 생이 완전히 변화되었습니다.

도박을 좋아하던 사람이 이런 고백을 했습니다. "아무리 노력해도 피할 길이 없었습니다. 그래서 아내와 헤아릴 수도 없이 이혼을 하겠다고 했습니다. 그러던 어느날 최대의 결심을 하고 부엌에 들어가 칼로 손가락을 잘라버렸습니다. 그러나 그 후에 또 다시 도박을 했습니다. 불가능했고 구제불능이었습니다. 그런데 예수 그리스도를 영접한 후 일순간에 그 버릇에서 완전히 해방되었습니다."

예수님은 말씀하셨습니다. "너희가 내 말에 거하면 참 내 제자가 되고 진리를 알지니 진리가 너희를 자유케 하리라"(요한복음 8:31-32), "수고하고 무거운 짐진 자들아 다 내게로 오라 내가 너희를 쉬게 하리라"(마태복음 11:28), "의에 주리고 목마른 자는 복이 있나니 저희가 배부를 것임이요"(마태복음 5:6), "그러므로 염려하여 이르기를 무엇을 먹을까 무엇을 마실까 무엇을 입을까 하지 말라 이는 다 이방인들이 구하는 것이라 너희 천부께서 이 모든 것이 너희에게 있어야 할 줄을 아시느니라 너희는 먼저 그의 나라와 그의 의를 구하라 그리하면 이 모든 것을 너희에게 더하시리라"(마태복음 6:31-33).

사랑하는 성도 여러분!
우리를 향하신 하나님의 완전하심과 섭리를 믿으십시오. 우리를 향해 쉴새 없이 몰려오는 탐심의 유혹을 주 예수 그리스도 안에서 말씀과 성령으로 물리쳐야 합니다. 현재의 생활에 만족하고 범사에 감사하십시오. 우리는 하늘나라의 시민권을 가진 사람으로 하나님의 일과 영적인 일에 더욱 더 힘을 씀으로 모든 탐심을 물리쳐야 합니다. 주 예수 그리스도를 생활의 중심에 모시고 하나님 사랑, 이웃 사랑의 십계명을 실천함으로 진정한 만족과 참된 행복을 소유하는 승리의 삶을 누리는 성도가 됩시다. 아멘.

| 판 권 |
| 소 유 |

참된 행복의 길

2002년 3월 20일 1판 1쇄 인쇄
2002년 3월 25일 1판 1쇄 발행

지은이 ● 배 핑 호
발행인 ● 김 수 관
발행처 ● 도서출판 영 문

등록 / 제 03-01016호(1997. 7. 24)
주소 / 서울시 은평구 역촌동 10-82
전화 / (02) 357-8585
FAX / (02) 382-4411

ISBN 89-8487-080-3 03230

값 9,000 원

* 본서의 임의인용·복제를 금합니다.
* 파본·낙장은 교환해 드립니다.